Brigitte Penzenstadler

Führerschein: Rechtschreibung

Grundwissen-Training in drei Differenzierungsstufen

PERSEN

Die Autorin

Brigitte Penzenstadler studierte an der Universität Passau Lehramt für Hauptschulen und unterrichtet an einer Mittelschule.

Gedruckt auf umweltbewusst gefertigtem, chlorfrei gebleichtem und alterungsbeständigem Papier.

1. Auflage 2018

Covergrafik: © Syda Productions – Fotolia.com
Satz: Satzpunkt Ursula Ewert GmbH, Bayreuth

ISBN: 978-3-403-20252-3

www.persen.de

Führerschein: Rechtschreibung Klasse C

Inhalt CD

Arbeitsblätter, Führerscheinprüfungen und Lösungen als PDF und im editierbaren Word-Format
Übersichtsbogen für Lehrer
Zertifikate als PDF

Liebe Kollegen,

täglich werden im Alltag, in der Schule oder im Berufsleben Texte verfasst, angefangen bei kleinen Notizen bis hin zu umfangreichen Schriftstücken. Sicher rechtschreiben zu können, gehört zu den elementaren Fähigkeiten und bildet eine wichtige Grundlage für den schulischen und späteren beruflichen Erfolg.

Im vorliegenden Werk finden Sie Arbeitsblätter für die 5.–7. Klasse in drei verschiedenen Anforderungsstufen, die der Heterogenität der Schüler Rechnung tragen.

- Der Führerschein **Klasse A** steht für kleinschrittiges Vorgehen und die Vermittlung von Basiskompetenzen im Bereich Rechtschreiben.
- Schüler, die über grundlegende Rechtschreibfertigkeiten verfügen, finden im Führerschein **Klasse B** eine Vielzahl von motivierenden Aufgabenstellungen.
- Der Führerschein **Klasse C** ist für leistungsstärkere Schüler konzipiert und bietet zudem Gelegenheit, bereits vorhandene Kompetenzen weiter zu festigen und zu vertiefen.

Die zahlreichen differenzierten Übungsaufgaben tragen dazu bei, die orthografischen Fertigkeiten zu optimieren. Durch die wechselnden Aufgabenformen ist eine gezielte Förderung ohne Mehraufwand vonseiten der Lehrkraft möglich. Die direkt einsetzbaren, lehrwerksunabhängigen Kopiervorlagen aktivieren das Vorwissen, verbessern die rechtschreiblichen Kompetenzen und können weitgehend ohne unmittelbare Hilfe bearbeitet werden.

Das Werk ist so aufgebaut, dass grundlegende, erweiterte und fundierte Rechtschreibkompetenzen trainiert werden. Nach dem Training in den drei verschiedenen Führerscheinklassen folgt ein Abschlusstest in Form einer Führerscheinprüfung. Besonders motivierend ist, dass alle Schüler entsprechend ihres Leistungsniveaus ein Zertifikat für das erfolgreiche Absolvieren der Führerscheinprüfung erhalten, welches im digitalen Zusatzmaterial zu finden ist.

Ebenfalls im digitalen Zusatzmaterial finden Sie die Lösungen zur Unterstützung der Unterrichtsvorbereitung sowie sämtliche Arbeitsblätter auch im editierbaren Word-Format.

Viel Erfolg beim Einsatz des Materials und Ihren Schülern viel Freude beim Erwerb des „Führerscheins Rechtschreibung“.

Brigitte Penzenstadler

1.2 Erweiterung des nominalen Kerns

Regel:

⇨ **Steht vor einem Nomen (Substantiv) ein Artikel (Begleiter *der, die, das, ein, eine, eines*) oder könnte einer davor stehen, schreibt man es groß.**

⇨ **Dies gilt auch, wenn sich ein Adjektiv (Eigenschaftswort) dazwischengeschoben hat.**

- Beispiele: Der Hund bellt.
  Der große Hund bellt.

❶ **Verbinde die Nomen mit dem passenden Artikel.**

das	Wald	die	Turm
der	Baum	das	Obst
die	Pferd	der	Hose
der	Erdbeere	das	Marmelade
die	Haus	der	Lied
das	Puppe	die	Weg

❷ **Schreibe die Nomen von Aufgabe ❶ mit dem richtigen Artikel und setze ein passendes Eigenschaftswort dazwischen ein.**

enge finstere große hohe krumme leckere
lustige niedliche rote süße schmale schnelle

...

...

...

...

...

...

...

...

1.3 Wortendungen beachten

Regel:

⇨ **Endet ein Wort auf *-ung, -heit, -keit, -tum, -nis* oder *-schaft*, ist es in der Regel ein Nomen (Substantiv) und man schreibt es groß.**

❶ **Ordne die folgenden Nomen der richtigen Endung zu und schreibe sie auf.**

Eigentum – Nahrung – Freundschaft – Krankheit – Wagnis – Heiterkeit – Botschaft – Gesundheit – Ereignis – Witterung – Geschwindigkeit – Reichtum – Gelegenheit – Wohnung – Eigenschaft – Neuigkeit – Verhältnis – Altertum – Wildnis – Krönung – Freundlichkeit – Irrtum – Verhältnismäßigkeit – Verwaltung – Belegschaft – Geheimnis – Freiheit – Besitztum – Menschheit – Vormundschaft

-ung

....

....

....

....

....

-heit

....

....

....

....

....

-keit

....

....

....

....

....

-tum

....

....

....

....

....

-nis

....

....

....

....

....

-schaft

....

....

....

....

....

1.4 Die Schreibung von Höflichkeitspronomen

Regel:

⇨ **Die Anredepronomen *Sie* und *Ihr* sowie die entsprechenden gebeugten Formen schreibt man groß.**

- Beispiele: Wir begrüßen Sie recht herzlich.
  Wir bedanken uns bei Ihnen für Ihre Anfrage.

⇨ **Die vertraulichen Anredepronomen wie *du, dich, ihr, euch, dein, euer* etc. schreibt man in der Regel klein.**

- Beispiel: Ich lade dich zu meiner Party ein.

❶ Unterstreiche im Brief alle Anredefürwörter (Anredepronomen), die großgeschrieben werden.

Sehr geehrte Frau Meier,

wir laden Sie und Ihre Familie ganz herzlich zu unserem Sommerfest am 02. Juli ein.
Die Eröffnungsfeier findet um 09:00 Uhr in unserer Aula statt.
Es wäre schön, wenn Sie ein paar Grußworte sprechen könnten.

Für gute Unterhaltung sorgen unsere Schulband und die Arbeitsgemeinschaft Tanz & Bewegung. Der Elternbeirat bietet Getränke und einen kleinen Imbiss an.

Bitte geben Sie uns bis zum 26. Juni Bescheid, ob Sie teilnehmen können.

Auf Ihr Kommen freut sich die Schulfamilie.

Mit freundlichen Grüßen

Max Huber, Schulleiter

❷ Setze die fehlenden Anredefürwörter in richtiger Schreibweise ein.

dich du dich deine du du

Liebe Pia,

zu meiner Geburtstagsfeier lade ich .... ganz herzlich ein.

Die Party findet am 12. September ab 14:00 Uhr bei mir zu Hause statt.

Es wäre schön, wenn .... kommen könntest.

Gerne kannst .... Musik, Spiele oder lustige Filme mitbringen.

Meine Eltern können .... um 18:00 Uhr nach Hause fahren.

Bitte gib mir Bescheid, ob .... kommen kannst.

.... Lea

1.5 Die Schreibung von Zeitangaben

Regel:

⇨ **Zeitangaben, die als Nomen gebraucht werden, erkennt man am Artikel, der davorgesetzt wird oder werden kann. Man schreibt sie groß.**
- Beispiele: am Vormittag, gegen Mittag, guten Abend

⇨ **Zeitangaben werden in Verbindung mit Adverbien wie *vorgestern, gestern, heute, morgen* oder *übermorgen* großgeschrieben.**
- Beispiele: gestern Nacht, morgen Abend

⇨ **Zeitangaben, die auf *-s* enden, sind Adverbien (Umstandswörter). Sie werden meist kleingeschrieben.**
- Beispiele: morgens, mittags, abends, nachts, montags, wochentags, anfangs, tags zuvor, neuerdings, ...
- Ausnahmen: eines Morgens, jenes Abends, des letzten Montags

❶ **Welche Schreibweise der Zeitangaben ist richtig? Kreise sie ein.**

1. Jeden Freitag/freitag geht Tim am Nachmittag/nachmittag zum Fußballtraining.
2. Ulla besucht übermorgen Mittag/mittag ihre Großmutter.
3. Morgen nachmittag/Nachmittag entfällt der Unterricht.
4. Am abend/Abend findet eine Grillfeier statt.
5. Max hat gestern Morgen/morgen sein Handy zu Hause vergessen.
6. Oma kann dich heute Mittag/mittag nicht von der Schule abholen.
7. Meine Mutter liest meinem kleinen Bruder jeden abend/Abend eine Geschichte vor.
8. Lilli versäumte vorgestern Früh/früh den Bus zur Schule.
9. Gegen abend/Abend wird es regnen.
10. Heute Morgen/morgen hat Fritz verschlafen.
11. Lena trifft sich übermorgen Nachmittag/nachmittag mit ihrer Freundin Anna.
12. Das Konzert vorgestern abend/Abend war ein voller Erfolg.
13. Jeden Morgen/morgen stehen die Autofahrer im Stau.
14. Den vormittag/Vormittag verbrachte Frau Schulz mit der Erledigung ihrer Einkäufe.
15. Der Nachmittag/nachmittag in fröhlicher Runde verging viel zu schnell.
16. Eines Morgens/morgens stand ein Korb mit frischem Obst vor der Tür.
17. Mein kleiner Bruder wacht Nachts/nachts immer auf.

1.6 Nominalisierung von Verben

Regel:

Verben, die zu Nomen geworden sind, schreibt man groß, wenn

⇨ **ein bestimmter oder unbestimmter Artikel davorsteht oder ergänzt werden kann.**
- Beispiel: Das Lesen bereitet ihr keine Probleme.

⇨ **ein Attribut (Beifügung) davorsteht.**
- Beispiel: Plötzliches Hupen verunsicherte den Radfahrer.

⇨ **ein Pronomen (Fürwort) davorsteht.**
- Beispiel: Ihr Weinen erregte Mitleid.

⇨ **eine Präposition (Verhältniswort) davorsteht.**
- Beispiel: Meike wurde beim Spicken ertappt.

❶ **Ergänze die Lücken mit den gegebenen Wörtern sinnvoll. Achte auf die richtige Schreibweise. Vorsicht: Nicht alle Verben sind nominalisiert.**

KIPPELN	RÜHREN	SCHREIEN
STECKEN	LAUFEN	SCHREIEN
SCHWÄTZEN	KOCHEN	LAUFEN
LACHEN		

1. Lea siegte beim ....
2. Lautes .... war zu hören.
3. Sein .... wirkte ansteckend auf die Zuhörer.
4. Das .... mit dem Stuhl ist gefährlich.
5. Ständiges .... stört den Unterricht.
6. Bei starker Hitze zum .... bringen.
7. Unter ständigem .... sprudelnd aufkochen.
8. Sie kann schnell ....
9. Das Baby fing laut zu .... an.
10. Sie .... ständig die Köpfe zusammen.

1.7 Nominalisierung von Adjektiven

Regel:

Adjektive schreibt man groß, wenn Folgendes davorsteht:

⇨ **Artikel (Begleiter):** ***der, die, das, ein, eine, eines***
- Beispiel: Uwe war beim Sportfest wieder der Beste.

⇨ **Personalpronomen (persönliches Fürwort):** ***mein, dein, sein, ihr, unser, euer, …***
- Beispiel: Eva brachte ihre Jüngste in den Kindergarten.

⇨ **Präposition (Verhältniswort):** ***beim, im, zum, ins, durchs, …***
- Beispiel: Sie war allein im Dunkeln unterwegs.

⇨ **Numerale (Zahlwort):** ***etwas, viel, nichts, wenig, allerlei, alles, …***
- Beispiel: Er wünschte ihr alles Gute zum Geburtstag.

1 Welche Sätze sind richtig geschrieben? Kreuze an.

- ☐ Er traf mit seiner Behauptung ins Schwarze.
- ☐ Das Tollste an der Schule sind die Pausen.
- ☐ Es gab nichts Neues zu berichten.
- ☐ Er war mit sich im Reinen.
- ☐ Sie sprang am Weitesten.
- ☐ Er wünschte ihr ein gutes Neues Jahr.
- ☐ Der Dieb suchte das Weite.
- ☐ Alles bleibt beim Alten.
- ☐ Pia hatte etwas Angenehmes mitzuteilen.
- ☐ Der Kommissar tappte bei seinen Ermittlungen im dunkeln.
- ☐ Es ist das Beste, wenn du sofort kommst.
- ☐ Es geschah etwas außergewöhnliches.
- ☐ Allerlei süßes gab es zum Nachtisch.
- ☐ Olivia hat aus ihrem Urlaub viel schönes zu berichten.
- ☐ Der Bericht enthielt viel Fehlerhaftes.
- ☐ Jonas bekam viel praktisches zum Geburtstag geschenkt.

2 I Die Kleinschreibung

2.1 Adjektive erkennen

Regel:

⇨ **Adjektive (Eigenschaftswörter) erkennt man an den Endungen *-ig, -isch, -lich, -haft, -bar, -los* oder *-sam*. Die meisten Adjektive kann man steigern. Adjektive schreibt man in der Regel klein.**

❶ Ordne die Adjektive der richtigen der drei untenstehenden Endungen zu.

himmlisch – kindisch – ländlich – ruhig – absichtlich – armselig – neidisch – emsig – musisch – freundlich – dreckig – fleißig – ordentlich – herrlich – komisch – durchsichtig – fantastisch – geduldig – herzlich – umsichtig – regnerisch – schmutzig – fröhlich – riesig – mürrisch – friedlich – städtisch – langlebig – natürlich – modisch – künstlich

-ig

....

....

....

....

....

-isch

....

....

....

....

....

-lich

....

....

....

....

....

2.2 Artikel, Verben, Numerale, Pronomen erkennen

Regel:

⇨ **Artikel (Begleiter), Verben (Tunwörter), Numerale (Zahlwörter) und Pronomen (Fürwörter) schreibt man in der Regel klein.**

- Beispiel: Wir treffen uns um zehn Uhr bei der Schule.

❶ Kreise alle Wörter ein, die kleingeschrieben werden. Schreibe sie in der richtigen Schreibweise auf.

LESEN HUND LIED SINGEN WIR ZWÖLF EIN DER BLUME BLÜHEN

GIEßEN VIELE EINIGE UNS SEIN BIN HUNGER LACHEN FREUEN

ZWEI DURST TRINKEN FREUNDSCHAFT BÜNDNIS

....

....

....

....

....

....

❷ Welche Sätze sind richtig geschrieben? Kreuze an.

- ☐ Wir spielen zusammen Fußball um neun Uhr bei dir.
- ☐ Wir Spielen zusammen Fußball um neun Uhr bei dir.
- ☐ Das Rätseln macht allen Schülern Spaß.
- ☐ Das Rätseln macht Allen Schülern Spaß.

2.3 Zusammensetzung von Nomen und Verb

Regel:

⇨ **Lautet der erste Bestandteil einer Zusammensetzung von Nomen und Verb *haus-, heim-, irre-, preis-, stand-, statt-, teil-, wett-* oder *wunder-*, so wird die Grundform kleingeschrieben.**

❶ **Welches Wort ist hier beschrieben? Ordne zu und erhalte ein Lösungswort.**

N heimleuchten	**O** haushalten	**E** hausbacken
G stattfinden	**N** heimzahlen	**R** wettmachen
E teilnehmen	**G** irreleiten	**E** standhalten
B preisgeben		

1. eine Niederlage ausgleichen ....
2. einfältig, altmodisch ....
3. jemanden absichtlich auf eine falsche Spur bringen ....
4. dabei sein ....
5. jemandem die Meinung sagen ....
6. verraten ....
7. wirtschaften ....
8. geschehen ....
9. widerstehen ....
10. jemandem etwas vergelten ....

Lösung:

1.	2.	3.	4.	5.	6.	7.	8.	9.	10.

2.4 Bedeutungsänderung von zusammengeschriebenen Wörtern

Regel:

⇨ **Manche Wörter bekommen durch die Zusammenschreibung eine andere Bedeutung.**

- Beispiel: Wir wollen morgen zusammen laufen (= gemeinsam laufen).
  Nach dem Unfall sind viele Schaulustige zusammengelaufen
  (auf einen Punkt hin laufen).

❶ Ordne den Wörtern die entsprechende übertragene Bedeutung zu.

weitergehen – wiederkommen – gutschreiben – wahrsagen – sitzenbleiben – daherkommen – zusammenspielen – freisprechen – dabeisitzen – wiedergewinnen

1. eine Klasse/Jahrgangsstufe wiederholen ....
2. für nicht schuldig erklären ....
3. anrechnen ....
4. prophezeien ....
5. zurückgewinnen ....
6. gut aufeinander abgestimmt sein ....
7. zurückkehren ....
8. mit in der Runde sitzen ....
9. herbeikommen ....
10. nicht stehen bleiben ....

2.5 Getrenntschreibung bei Verbindungen aus Nomen und Verb

Regel:

⇨ **Verbindungen von einem Nomen und einem Verb werden in der Regel getrennt geschrieben.**

- Beispiele: Musik hören, Schlange stehen, Bescheid wissen
- Ausnahmen: eislaufen, kopfstehen, wundernehmen, teilhaben, schlussfolgern, schlafwandeln, handhaben, ...

❶ Hier fehlen die Leerzeichen. Zeichne sie mit einem senkrechten Strich ein. Schreibe anschließend die Sätze fehlerfrei ab.

1. SIEWERDENZUFUSSGEHEN.

....

2. WIRWERDENMORGENEISLAUFEN.

....

3. WOLLENWIRZUSAMMENMUSIKHÖREN?

....

4. DUWIRSTEINERUHIGEKUGELSCHIEBEN.

....

5. WOLLENWIRZUSAMMENRADFAHREN?

....

6. ERMUSSDENGANZENTAGINDERKÜCHESTEHEN.

....

7. MORGENWIRDTIMSPORTMACHEN.

....

8. WIRWERDENAMERFOLGTEILHABEN.

....

9. LARSMUSSZIEMLICHVIELMIETEZAHLEN.

....

10. ICHWERDEAUFMEINRECHTPOCHEN.

....

11. DASWIRDNOCHEINEWICHTIGEROLLESPIELEN.

....

12. DIEWELTWIRDKOPFSTEHEN.

....

2.6 Verbindungen mit den Verben *sein, bleiben, werden*

Regel:

⇨ **Manche Nomen (Namenwörter) schreibt man in Verbindung mit *sein, bleiben* und *werden* klein.**

- Beispiele: angst und bange werden, schuld sein, leid sein, pleite sein/werden, gram sein, elend werden/sein, unrecht sein, wert sein, ernst sein

❶ Welche Verbindungen passen in folgende Sätze? Setze ein.

böse – unrecht – pleite – elend – ernst – leid – schuld – wert – klasse
recht – spinnefeind – freund – spitze – angst – angst und bange

1. Lukas wurde es allein im Dunkeln ....
2. Ihm wurde ganz .... zumute.
3. Ich bin es ...., immer der Letzte zu sein.
4. Andere Menschen zu belügen, ist ....
5. Das ist es mir ....
6. Sarah ist .... daran, dass Kim beleidigt ist.
7. Wir sind ...., wenn nicht bald Geld in die Kasse fließt.
8. Es war ihm .... mit seinem Versprechen.
9. Ich bin dir nicht ....
10. Wir sind uns ....
11. Peters Vortrag über Südamerika ist ....
12. Es ist mir ...., dass du die Jacke aus der Reinigung holst.
13. Seine sportlichen Leistungen sind ....
14. Ich bin dir gut ...., bedeutet, dass ich dir freundlich gesinnt bin.

3.3 Die Selbstlautverdopplung

Regel:

⇨ **Doppelte Vokale werden immer lang gesprochen. Diese Wörter mit Selbstlautverdopplung sind Lernwörter.**

- Beispiel: Ein paar Boote lagen am See.

❶ Kreise alle Wörter mit Selbstlautverdopplung ein.

alle	Waage	Wanne	Moos	Schluss	See	betten	
Herr	Beere	Haar	klammern	Sohn	Zoo	selig	
Aas	fegen	Tee	beten	Idol	Narr	Wahl	Allee
Moor	Fee	Matte	retten	Schnee	sperren	Tanne	
Saal	Heer	Rinne	Teer	Halle	Wette	Nuss	
Boot	Idee	wippen	Speer	Tasse	Beet	paar	
Meer	leer	Kuss	Seele	mehr	Puppe	scheel	
Zone	Schimmer						

4 I Ähnlich klingende und doppelte Laute

4.1 Wörter mit *ä/e* und *äu/eu*

Regel:
⇨ **Man schreibt ein Wort mit *ä* oder *äu*, wenn es ein verwandtes Wort mit *a* oder *au* gibt.**

❶ **Bilde die Einzahl der Wörter.
Notiere auch die Artikel.**

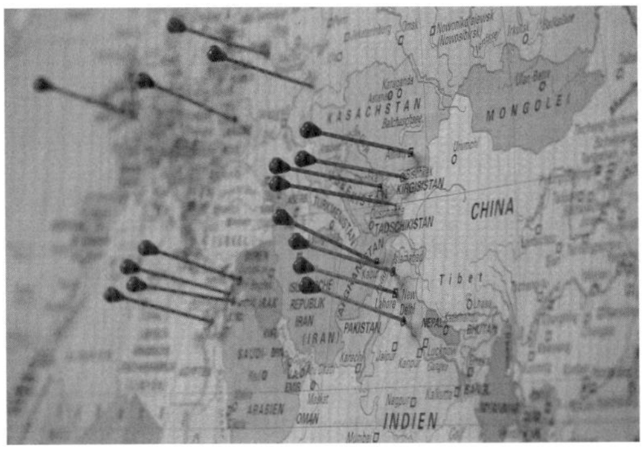

1. Hände ....
2. Blätter ....
3. Dächer ....
4. Gärten ....
5. Wälder ....
6. Bäche ....
7. Pläne ....
8. Gänge ....
9. Städte ....
10. Ställe ....
11. Beuten ....
12. Wenden ....
13. Zäune ....
14. Mäuse ....
15. Herde ....
16. Leute ....
17. Räume ....
18. Bäume ....
19. Felder ....
20. Träume ....
21. Wände ....
22. Länder ....
23. Schränke ....
24. Meuten ....
25. Bänke ....

❷ **Markiere die Wörter, die kein verwandtes Wort mit *a* haben.**

4.2 Wörter mit *p/b* und *d/t*

Regel:
⇨ **Wenn man die Verlängerungsprobe macht, kann man hören, welchen Buchstaben man am Silben- oder Wortende braucht. Eine deutliche Aussprache und ein genaues Hinhören helfen bei der Unterscheidung am Wortanfang.**

❶ **Setze ein: *p* oder *b*.**

1. tau............
2. Wa............e
3. hal............
4. Lau............
5. Die............
6. Kor............
7. lo............en
8. a............er
9. To............
10. plum............
11. Flo............
12. ....erle
13. Him............eere
14. ....latzen
15. a............strakt
16. Lum............en
17. Ka............sel
18. Al............um
19. Prinzi............
20. e............en

❷ **Entscheide: *d* oder *t*? Verlängere das Wort.**

d oder *t*	Verlängerung
1. Wal............	
2. Fel............	
3. Pfan............	
4. Wan............	
5. Kin............	
6. Ran............	
7. run............	
8. Ta............	
9. Hun............	
10. Luf............	
11. Pfun............	
12. Lan............	

❸ **Lass dir nun von einem Partner die Wörter diktieren.**

4.3 Wörter mit *g* und *k*

Regel:

⇨ **Wenn man die Verlängerungsprobe macht, kann man hören, welchen Buchstaben man am Silben- oder Wortende braucht. Eine deutliche Aussprache und ein genaues Hinhören helfen bei der Unterscheidung am Wortanfang.**

1 Ordne ein.

schmutzig – stark – flink – Zwerg – schlank – Pflug – Berg – krank – Funk – siegen – schweigen – Bank – Betrug – winken – jung – Flug – Trank – Erfolg – Geschenk – Schrank – fertig – Wolke – ruhig – Werk – Kork – Käfig – Dank – klug – Mark – Zug – tragen – wanken

-g

....

....

....

....

-k

....

....

....

....

4.4 Wörter mit *tz* und *z*

Regel:

⇨ **Nach einem kurz gesprochenen Vokal (Selbstlaut) steht *tz*. Ein *tz* steht nie nach einem *l, m, n* oder *r*. In der Regel trennt man *tz* nach dem *t*.**

- Beispiele: Die Kat|zen krat|zen gerne.
  Das Tier hat eine schwar|ze Schnau|ze.

❶ **Ordne ein.**

Blitze – schwitzen – sitzen – setzen – Plätze – Kerze – Kränze – Pfütze – platzen – stürzen – Tatze – Witze – kreuzen – heizen – salzig – Prozent – Mütze – Prinzen – holzig – pflanzen – tanzen – flitzen – schmutzig – pelzig

-tz

....

....

....

....

-z

....

....

....

....

4.5 Wörter mit Doppelkonsonanten

Regel:

⇨ **Wenn auf einen betonten kurzen Vokal (Selbstlaut) ein Konsonant folgt, so wird er in der Regel verdoppelt. Anstelle von *kk* schreibt man meist *ck*.**

- Beispiele: Die Gruppe begann schnell im Galopp zu reiten.
  Zum Glück hatten wir einen Sack im Gepäck.

1 Ordne die Wörter richtig in die Tabelle ein.

Watte – Sonne – Trommel – sperren – Wolle – Affe – Tonne – starren – Kammer – Keller – Nonne – Koffer – Ritter – brummen – knallen – verharren – Dotter – Löffel – rinnen – Sommer – verwirren – fallen – Kummer – Hoffnung – alle – Pfanne – Karre – hoffen – kommen – treffen – Mutter – stellen – Kanne – offen – narren – brüllen – Schlitten – Öffnung – irren – Wanne – Wetter – Knolle – Wonne – Rolle – Schmetterling – stammen – Kartoffel – Gitarre – Zimmer – Tanne – Sperre – schaffen – Welle – Kette – schwimmen – Spinne – schütten – Ballon – Hammer – Geschirrtuch – Nummer

ff ....

....

....

ll ....

....

....

mm ....

....

....

nn ....

....

....

rr ....

....

....

tt ....

....

....

4.6 Doppelkonsonant am Wortende

Regel:

⇨ **Doppelkonsonanten am Wortende hört man nur, wenn man das Wort verlängert.**

- Beispiel: Ball – Bälle

❶ Verbinde mit dem verlängerten Wort. Schreibe das Wort und dessen Verlängerung auf ein Blatt. Markiere die Doppelkonsonanten farbig.

voll	Schiffe
Schiff	Kämme
glatt	voller
Kamm	greller
nett	schlimmer
grell	Glätte
Stamm	Fässer
schlimm	netter
Fass	Felle
schnell	Stämme
Wall	schneller
Fell	Wälle

5 | Schreibung der s-Laute

5.1 Wörter mit *ss*

Regel:

⇨ **Nach einem kurzen Vokal (Selbstlaut) schreibt man in der Regel *ss*.**

- Beispiel: Es ist bald Schluss.

❶ **Was ist hier abgebildet? Notiere die Wörter.**

Achtung: Nicht alle Wörter schreibt man mit *ss*. Kontrolliere deine Schreibweise mithilfe des Wörterbuchs.

 ....

 ....

 ....

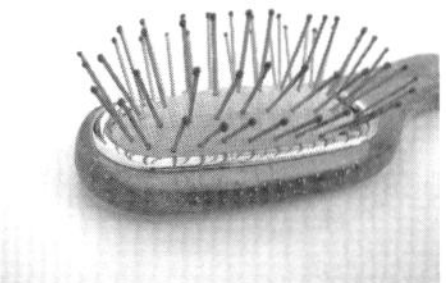 ....

 ....

 ....

 ....

 ....

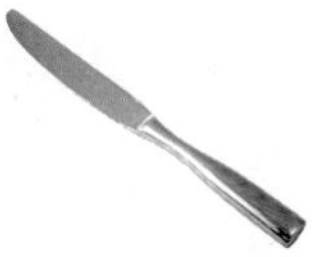 ....

 ....

5.2 Wörter mit *ß*

Regel:

⇨ **Nach einem langen Vokal (Selbstlaut) und nach einem Diphthong (Doppellaut, Zwielaut) steht oft *ß*.**

- Beispiele: Er mag Fußball.
  Sie ist fleißig.

❶ **Ergänze das *ß*.**
Schreibe anschließend die Nomen mit Begleiter und die Verben in der Grundform auf.

1. Ich genie.........e ....
2. Strau.......... ....
3. Gru ....
4. Es flie.........t ....
5. gro.......... ....
6. wei.......... ....
7. au.........en ....
8. blo.......... ....
9. Fu.......... ....
10. Flo.......... ....
11. Flei.......... ....
12. Er gie.........t ....
13. Sie stö.........t ....
14. Stra.........e ....
15. Ma.........band ....
16. schlie.........lich ....
17. Ich hei.........e ....
18. Du schlie.........t ....
19. Er sü.........t ....

5.3 *das* oder *dass*?

Regel:

⇨ **Der Artikel (Begleiter) und das Pronomen (Fürwort) *das* wird mit *s* geschrieben. Das Wort *das* kann man durch *welches, dieses* oder *jenes* ersetzen.**

⇨ **Die Konjunktion (Bindewort) *dass* schreibt man mit *ss*.**

- Beispiele: Kühles Eis an einem heißen Tag, das mag jeder.
  Wir freuen uns, dass es dir gut geht.

❶ Unterstreiche im Text die Konjunktionen gelb und die Artikel bzw. die Pronomen blau.

Das gibt es gar nicht, das denken sich regelmäßig viele Schüler.

Dass manche Mitschüler gern im Mittelpunkt stehen, das weiß Zoe schon lange.

Aber das, was sie in letzter Zeit hören musste, das übertraf alles bisher Dagewesene.

Torsten behauptete, dass er in den Ferien das Monster von Loch Ness gesehen habe. Das war mindestens drei Meter hoch und zehn Meter lang.

Das kann sich keiner vorstellen, was das für ein Schreck war, als das Ungeheuer plötzlich vor mir auftauchte, erzählte Torsten im Gesprächskreis.

Dass es das Monster von Loch Ness in Wirklichkeit gar nicht gibt, das ist jedem Kind bekannt.

Aber Torsten wollte das Interesse der Klassenkameraden durch das Erfinden solcher Geschichten auf sich lenken.

Ich hoffe, dass du das Ungeheuer fotografiert hast, meinte Zoe.

Er merkte nicht, dass sie das gar nicht ernst gemeint hatte.

FÜHRERSCHEINPRÜFUNG A

(Blatt 1)

Teste dein Wissen. Viel Erfolg!

1 Welche Wortendungen zeigen an, dass es sich um ein Nomen handelt? Kreuze die richtigen Aussagen an. | 4 |

- ☐ -ig
- ☐ -heit
- ☐ -nis
- ☐ -isch
- ☐ -tum
- ☐ -lich
- ☐ -schaft
- ☐ -haft

2 Hier ist in jeder Zeile ein Wort falsch geschrieben. Streiche es durch. | 4 |

1. Die Kleine Katze ist sehr süß.
2. Lena ist abends mit ihren freundinnen unterwegs.
3. Sie fürchten sich im dunkeln.
4. Paul springt am Weitesten.

3 Wie sicher bist du bei der Dehnung? Kreuze an, ob richtig oder falsch. | 6 |

	richtig	falsch
Der Igel schlief tagsüber sehr viel.		
Das Klavir war nur geliehen.		
Familie Meier lebt in einer riesigen Wohnung zur Mite.		
Briefe werden auf Papir geschrieben.		
Viele Tiere leben auf einer Wiese.		
Ute hat einen Treffer und vier Nieten.		

4 Kreuze die richtig geschriebenen Sätze an. | 2 |

- ☐ Der Blumenstrauß steht in einer riesigen Vase.
- ☐ Es macht Spass, mit dir zu plaudern.
- ☐ Am Flußufer liegt viel Treibholz.
- ☐ Zum Schluss schlossen wir das Vorhängeschloss ab.

5 Markiere die falsch geschriebene Stelle. | 4 |

1. Davon hatte ich keine Kenntniss.
2. Es war schön, deine Bekantschaft zu machen.
3. Im Sommer wird unser Klasenzimmer sehr warm.
4. Die Treppe knarte sehr laut.

(Führerscheinprüfung A – Blatt 2)

6 Welche Rechtschreibstrategie hilft dir, um das Wort an der fettgedruckten Stelle richtig zu schreiben? Kreuze an. | 3 | |

Bil**d**
- ☐ Ich bilde die Mehrzahl.
- ☐ Ich steigere das Wort.
- ☐ Ich setze einen Artikel davor.

H**äu**ser
- ☐ Ich achte auf die Endung.
- ☐ Ich suche ein verwandtes Wort.
- ☐ Ich trenne das Wort.

schla**g**en
- ☐ Ich spreche das Wort deutlich in Silben.
- ☐ Ich überprüfe die Wortart.
- ☐ Ich beachte das Signalwort.

7 Streiche die falsche Schreibweise durch. | 3 | |

1. Ich gehe morgen Eis laufen / eislaufen.
2. Pia muss noch Klavier üben / klavierüben.
3. Das Projekt hat verschiedene Stadien durch laufen / durchlaufen.

8 Kreuze die richtige Aussage an. | 2 | |

- ☐ Zusammengeschriebene Wörter können oft eine andere Bedeutung haben.
- ☐ Das kann man durch *dieses, jenes* oder *welches* ersetzen.
- ☐ Alle Anredepronomen schreibt man immer klein.
- ☐ Das Dehnungs-h steht nie vor *l, m, n* oder *r.*

28 Punkte kannst du erreichen. Viel Erfolg! | 28 | |

Laufzettel	erledigt ✔
1 Die Großschreibung	
1.1 Die Großschreibung von Satzanfängen und Nomen	☐
1.2 Erweiterung des nominalen Kerns	☐
1.3 Wortendungen beachten	☐
1.4 Die Schreibung von Höflichkeitspronomen	☐
1.5 Die Schreibung von Zeitangaben	☐
1.6 Nominalisierung von Verben	☐
1.7 Nominalisierung von Adjektiven	☐
2 Die Kleinschreibung	
2.1 Adjektive erkennen	☐
2.2 Artikel, Verben, Numerale, Pronomen erkennen	☐
2.3 Zusammensetzung von Nomen und Verb	☐
2.4 Bedeutungsänderung von zusammengeschriebenen Wörtern	☐
2.5 Getrenntschreibung bei Verbindungen aus Nomen und Verb	☐
2.6 Verbindungen mit den Verben *sein, bleiben, werden*	☐
3 Die Dehnung	
3.1 Wörter mit *-ie*	☐
3.2 Das Dehnungs-h	☐
3.3 Die Selbstlautverdopplung	☐
4 Ähnlich klingende und doppelte Laute	
4.1 Wörter mit *ä/e* und *äu/eu*	☐
4.2 Wörter mit *p/b* und *d/t*	☐
4.3 Wörter mit *g* und *k*	☐
4.4 Wörter mit *tz* und *z*	☐
4.5 Wörter mit Doppelkonsonanten	☐
4.6 Doppelkonsonant am Wortende	☐
5 Schreibung der s-Laute	
5.1 Wörter mit *ss*	☐
5.2 Wörter mit *ß*	☐
5.3 *das* oder *dass*?	☐
Führerscheinprüfung B	☐

1 | Die Großschreibung

1.1 Die Großschreibung von Satzanfängen und Nomen

Regel:

⇨ **Satzanfänge werden großgeschrieben.**
- Beispiel: Er schreibt richtig.

⇨ **Alles, was man anfassen oder haben kann, wird großgeschrieben. Es handelt sich dabei um Nomen oder Substantive.**
- Beispiele: Schnee ist weiß. Ute hat Ferien.

1 Welche Wörter schreibt man groß? Notiere je einen Satz, in dem das Wort großgeschrieben vorkommt.

VIEL KLEIN FREUDE BLUMEN KALT
LAUFEN MEIN MIT SCHULE BUCH
WEIß TIER ETWAS TASCHE
SCHMERZ SCHEINEN GEGEN BUS
BELLEN TRAUER UNTER NEU

....

....

....

....

....

....

....

....

....

....

....

....

1.2 Erweiterung des nominalen Kerns

Regel:

⇨ **Steht vor einem Nomen (Substantiv) ein Artikel (Begleiter) – *der, die, das, ein, eine, eines* – oder könnte einer davorstehen, schreibt man es groß.**

⇨ **Dies gilt auch, wenn sich ein Adjektiv (Eigenschaftswort) dazwischengeschoben hat.**

- Beispiele: Der Hund bellt.
  Der große Hund bellt.

❶ Ergänze die fehlenden Anfangsbuchstaben. Notiere die Nomen mit dem passenden Artikel und setze ein Eigenschaftswort dazwischen.

1. ....lefant ....
2. ....ixe ....
3. ....aufen ....
4. ....ffe ....
5. ....aket ....
6. ....ras ....
7. ....aden ....
8. ....eppich ....
9. ....rot ....
10. ....uelle ....
11. ....fer ....
12. ....eans ....
13. ....ieh ....
14. ....liege ....
15. ....asser ....
16. ....usik ....
17. ....dee ....
18. ....ug ....
19. ....lown ....
20. ....fen ....
21. ....chnur ....
22. ....egen ....
23. ....nopf ....

1.3 Wortendungen beachten

Regel:
⇨ **Endet ein Wort auf *-ung, -heit, -keit, -tum, -nis* oder *-schaft*, ist es in der Regel ein Nomen (Substantiv) und man schreibt es groß.**

❶ Wie lauten die Nomen zu folgenden Eigenschaftswörtern? Notiere sie mit der entsprechenden Endung.

1. reich ....
2. rund ....
3. blind ....
4. schnell ....
5. geheim ....
6. klein ....
7. verständig ....
8. gesund ....
9. kühn ....
10. straff ....
11. brüderlich ....
12. sinnlos ....
13. toll ....
14. treulos ....
15. hell ....
16. müde ....
17. bissig ....
18. klug ....
19. fähig ....
20. knapp ....
21. einsam ....
22. gleich ....
23. heftig ....
24. kühl ....
25. wild ....
26. flink ....
27. heiser ....
28. stur ....
29. rein ....
30. frech ....
31. hartherzig ....
32. dunkel ....
33. kraftlos ....
34. fröhlich ....

1.4 Die Schreibung von Höflichkeitspronomen

Regel:

⇨ **Die Anredepronomen *Sie* und *Ihr* sowie die entsprechenden gebeugten Formen schreibt man groß.**

- Beispiele: Wir begrüßen Sie recht herzlich.
  Wir bedanken uns bei Ihnen für Ihre Anfrage.

⇨ **Die vertraulichen Anredepronomen wie *du, dich, ihr, euch, dein, euer* etc. schreibt man in der Regel klein.**

- Beispiel: Ich freue mich, dich zu sehen.

❶ Setze die Anredefürwörter (Anredepronomen) in der richtigen Schreibweise ein.

Sehr geehrte Eltern,

wie .... wahrscheinlich bereits von .... Kind wissen, ist ein Projekttag zum Thema Gesunde Ernährung und Fitness an unserer Schule geplant. Um möglichst viele unterschiedliche Stationen anbieten zu können, benötigen wir .... Mithilfe. Vielleicht können .... selbst mitwirken oder .... kennen jemanden, der einen Beitrag dazu leisten kann. Wir bedanken uns an dieser Stelle bereits für .... Unterstützung.

Es wäre schön, wenn .... persönlich Zeit fänden und so diesen Tag für .... Kind zu einem unvergesslichen Erlebnis werden ließen.

Bitte geben .... Kind den unteren Abschnitt ausgefüllt mit.

Wir freuen uns auf .... Antwort und auf .... zahlreiches Erscheinen.

Mit freundlichen Grüßen
Max Huber, Schulleiter

❷ Ergänze die fehlenden Anredefürwörter.

Liebe Laura,

hiermit lade ich .... recht herzlich zu meiner Geburtstagsparty am Freitag, den 15. April, ein. Um 16:00 Uhr erwarte ich .... bei mir zu Hause im Blumenweg 7.

Ich würde mich sehr freuen, wenn .... kommen könntest und gute Laune sowie .... Lieblings-CDs mitbringst.

Falls .... nicht kommen kannst, sag mir bitte bis zum 10. April Bescheid.

.... *Eva*

1.5 Die Schreibung von Zeitangaben

Regel:

⇨ **Zeitangaben, die als Nomen gebraucht werden, erkennt man am Artikel, der davorgesetzt wird oder werden kann. Man schreibt sie groß.**

- Beispiele: Vormittag, Mittag, Abend

⇨ **Zeitangaben werden in Verbindung mit Adverbien wie *vorgestern, gestern, heute, morgen* oder *übermorgen* großgeschrieben.**

- Beispiele: gestern Nacht, morgen Abend

⇨ **Zeitangaben, die auf *-s* enden, sind Adverbien (Umstandswörter). Sie werden meist kleingeschrieben.**

- Beispiele: morgens, mittags, abends, nachts, montags, wochentags, anfangs, tags zuvor, neuerdings, ...
- Ausnahmen: eines Morgens, jenes Abends, des letzten Montags

❶ Wie schreibt man die Zeitangabe richtig? Setze ein.

1. Die Zuschauer unterhielten sich über das am ....achmittag stattgefundene Spiel.
2. Der Moderator wünschte allen Gästen einen guten ....bend.
3. Wir hatten ....estern ....orgen Musik anstelle von Kunst.
4. Wir gehen ....orgen ....ittag zum Essen.
5. Es zog gegen ....bend ein heftiges Gewitter auf.
6. Lea hat am ....ormittag einen wichtigen Termin.
7. Leon geht ....eute ....achmittag ins Kino.
8. Wir treffen uns am ....orgen zum Aufbauen des Verkaufsstandes.
9. Für ....bermorgen ....bend steht ein Konzertbesuch auf dem Programm.
10. Den ....bend verbringt Eva mit dem Lesen eines spannenden Buches.
11. ....orgestern ....achmittag machten wir einen Stadtbummel.
12. Der ....achmittag ist mit einem Zahnarztbesuch verplant.
13. Peter erhält gegen ....bend Besuch von seinem Freund.
14. Leo führt am ....orgen und am ....bend seinen Hund Gassi.
15. Jeden ....achmittag erledigt Pia ihre Hausaufgaben.
16. Der Pianist feierte ....estern ....bend bei seiner Premiere einen großen Erfolg.
17. Tim wacht neuerdings ....achts immer wieder auf.
18. Völlig unerwartet stand eines ....bends ihre große Schwester vor ihr.

1.6 Nominalisierung von Verben

Regel:
Verben, die zu Nomen geworden sind, schreibt man groß, wenn

⇨ **ein bestimmter oder unbestimmter Artikel davorsteht oder ergänzt werden kann.**
- Beispiel: Das Lesen bereitet ihr keine Probleme.

⇨ **ein Attribut (Beifügung) davorsteht.**
- Beispiel: Plötzliches Hupen verunsicherte den Radfahrer.

⇨ **ein Pronomen (Fürwort) davorsteht.**
- Beispiel: Ihr Weinen erregte Mitleid.

⇨ **eine Präposition (Verhältniswort) davorsteht.**
- Beispiel: Meike wurde beim Spicken ertappt.

1 Schreibe Sätze mit folgenden Zusammensetzungen richtig. Unterstreiche das Verb, das als Nomen gebraucht wird, sowie sein Signalwort.

SEIN – JAMMERN, DAS – RECHNEN, STÄNDIGES – REDEN, BEIM – TRAINIEREN, DAS – PFLÜCKEN, ZUM – KOCHEN, DEIN – SCHWÄTZEN, BUNTES – TREIBEN, LAUTES – RUFEN, IHR – PLANEN, ZUM – SPIELEN

Beispiel: **Sein Jammern** war weit zu hören.

1.7 Nominalisierung von Adjektiven

Regel:
Adjektive schreibt man groß, wenn Folgendes davorsteht:

⇨ **Artikel (Begleiter):** ***der, die, das, ein, eine, eines***
- Beispiel: Uwe war beim Sportfest wieder der Beste.

⇨ **Personalpronomen (persönliches Fürwort):** ***mein, dein, sein, ihr, unser, euer, …***
- Beispiel: Eva brachte ihre Jüngste in den Kindergarten.

⇨ **Präposition (Verhältniswort):** ***beim, im, zum, ins, durchs, …***
- Beispiel: Sie war allein im Dunkeln unterwegs.

⇨ **Numerale (Zahlwort):** ***etwas, viel, nichts, wenig, allerlei, alles, …***
- Beispiel: Er wünschte ihr alles Gute zum Geburtstag.

❶ **Formuliere die Sätze so, dass das Adjektiv nominalisiert wird. Achte auf die richtige Schreibweise.**

1. Wer klug ist, gibt nach.

   ……………………………………………………………………………

2. Was schön ist, wird gern angesehen.

   ……………………………………………………………………………

3. Wer schnell ist, kommt eine Runde weiter.

   ……………………………………………………………………………

4. Was toll ist, erledigt man sofort.

   ……………………………………………………………………………

5. Wer groß ist, braucht keine Leiter.

   ……………………………………………………………………………

6. Wer lustig ist, lacht oft.

   ……………………………………………………………………………

7. Was nützlich ist, wird oft gebraucht.

   ……………………………………………………………………………

8. Wer langsam ist, kommt kaum vorwärts.

   ……………………………………………………………………………

9. Was klein ist, wird gern übersehen.

   ……………………………………………………………………………

10. Was neu ist, kauft man lieber.

    ……………………………………………………………………………

2 | Die Kleinschreibung

2.1 Adjektive erkennen

Regel:
⇨ **Viele Adjektive (Eigenschaftswörter) erkennt man an den Endungen *-ig, -isch, -lich, -haft, -bar, -los* oder *-sam*. Die meisten Adjektive kann man steigern. Adjektive schreibt man in der Regel klein.**

❶ **Ergänze die passende Endung der Adjektive und steigere sie.**

Positiv (Grundstufe)	Komparativ (1. Steigerungsstufe)	Superlativ (2. Steigerungsstufe)
gefähr............		
fröh............		
sonn............		
fleiß............		
durst............		
herz............		
kind............		
fried............		
dreck............		
neid............		
freund............		
langweil............		
ruh............		
kom............		
ordent............		
lust............		
witz............		

❷ **Fallen dir Adjektive mit den Endungen *-haft* oder *-los* ein? Notiere.**

2.2 Artikel, Verben, Numerale, Pronomen erkennen

Regel:

⇨ **Artikel (Begleiter), Verben (Tunwörter), Numerale (Zahlwörter) und Pronomen (Fürwörter) schreibt man in der Regel klein.**

- Beispiel: Wir treffen uns um zehn Uhr bei der Schule.

❶ **Welche Wörter schreibt man klein? Markiere.**

MEINGARTENGEHEBALDDASDREIFEDERRINGSCHREIBENVERGEBLICH

UNSERWIRLIEBEUMARMUNGSINGSTDUKEINERWUNDERFREUDE

MERKENVIELEWENIGEFORMSEINEINLAUFEN

❷ **Notiere zu jedem markierten Wort einen Satz, in dem das Wort kleingeschrieben vorkommt.**

....

....

....

....

....

....

....

....

....

....

....

....

....

....

2.3 Zusammensetzung von Nomen und Verb

Regel:

⇨ **Lautet der erste Bestandteil einer Zusammensetzung von Nomen und Verb *haus-, heim-, irre-, preis-, stand-, statt-, teil-, wett-* oder *wunder-*, so wird die Grundform kleingeschrieben.**

❶ **Hier sind im Suchsel 32 Zusammensetzungen mit haus-, heim-, irre-, preis-, stand-, statt-, teil-, wett- oder wunder- senkrecht (↓), waagrecht (→) oder diagonal (↘) versteckt. Findest du sie alle?**

O	Q	G	I	C	S	M	B	W	I	L	I	S	G	O	H	E	I	M	F	Ü	H	R	E	N	X	F	I
H	E	R	P	V	N	B	W	G	I	E	R	O	H	E	M	C	P	B	I	S	X	O	E	R	X	W	Q
E	P	P	M	M	R	P	U	P	R	Q	M	L	N	Q	P	R	E	I	S	K	E	G	E	L	N	Y	V
I	U	N	P	I	S	Y	N	T	R	J	T	O	X	U	Y	T	N	L	D	T	E	X	B	P	Q	N	C
M	G	D	G	C	N	R	D	K	E	D	D	G	W	S	B	P	H	E	I	M	Z	A	H	L	E	N	C
K	W	S	N	X	G	G	E	Z	M	B	D	P	F	I	Z	W	N	L	C	W	A	U	M	P	G	T	P
O	C	V	U	E	N	Q	R	Y	A	N	U	G	U	N	Q	P	R	E	I	S	G	E	B	E	N	A	K
M	R	X	R	S	O	X	N	C	C	H	H	C	K	E	H	E	F	M	H	J	X	L	L	C	N	K	D
M	X	U	T	A	J	K	E	J	H	T	B	A	S	C	A	M	O	Y	W	L	I	G	I	M	U	C	E
E	F	H	H	E	R	G	H	S	E	U	H	A	U	S	B	A	C	K	E	N	J	H	R	D	W	W	K
N	O	I	E	B	I	J	M	A	N	D	B	M	C	S	O	R	A	X	C	B	N	Z	R	M	E	V	L
R	K	S	D	I	O	L	E	K	B	E	J	U	E	H	H	E	I	M	B	E	G	L	E	I	T	E	N
X	R	I	T	H	M	R	N	J	J	L	I	U	W	T	H	A	B	L	P	I	J	J	W	L	T	T	D
N	F	S	J	A	E	L	C	E	U	D	V	Y	T	E	P	E	L	K	U	Y	L	F	E	R	M	V	B
C	S	T	C	M	N	I	E	E	H	R	L	E	S	E	T	T	I	T	I	L	B	O	R	F	A	G	W
S	Q	Q	Q	V	I	D	M	I	H	M	W	F	K	T	I	T	H	M	E	Y	Q	T	D	M	C	T	O
K	E	W	J	H	S	R	H	H	T	E	E	T	Q	L	A	L	L	E	T	N	T	R	E	A	H	D	I
S	M	Y	E	I	E	I	R	A	O	E	I	N	V	I	N	T	H	A	I	R	I	S	N	P	E	T	H
S	H	H	S	T	R	I	R	E	L	L	N	M	J	H	D	D	T	A	U	M	A	S	T	R	N	E	G
E	V	E	V	T	T	R	M	R	L	T	E	V	G	Q	E	E	Z	F	B	F	R	G	G	R	G	N	N
L	H	I	I	K	A	R	E	B	E	E	E	N	V	E	A	I	P	X	I	E	E	E	E	S	D	N	I
T	D	M	L	M	F	T	E	R	R	G	I	N	Q	P	H	N	M	K	C	N	N	N	I	N	D	M	M
L	B	K	T	T	F	T	T	N	E	I	E	T	H	E	F	E	D	S	X	Y	D	L	U	S	N	F	E
V	F	E	X	W	R	A	R	G	N	D	N	H	E	P	J	E	N	D	U	U	Q	E	W	S	E	X	R
C	P	H	S	L	M	S	H	R	E	E	E	G	E	N	D	L	L	F	J	C	M	I	N	T	X	N	K
S	N	R	H	Q	L	Q	U	R	F	B	N	N	E	N	R	U	Y	C	O	T	H	A	L	Z	T	C	X
X	H	E	X	I	X	Z	B	O	E	F	E	I	E	N	N	E	F	W	E	T	T	E	I	F	E	R	N
O	L	N	Q	N	Y	Q	E	L	C	N	Z	N	J	L	K	W	U	N	Y	N	U	N	N	H	G	A	G

❷ **Notiere alle gefundenen Wörter richtig geschrieben auf einem Extrablatt.**

2.4 Bedeutungsänderung von zusammengeschriebenen Wörtern

Regel:

⇨ **Manche Wörter bekommen durch die Zusammenschreibung eine andere Bedeutung.**

- Beispiel: Wir wollen morgen zusammen laufen (= gemeinsam laufen).
  Nach dem Unfall sind viele Schaulustige zusammengelaufen (auf einen Punkt hin laufen).

❶ Was bedeuten die Wörter in dieser Schreibweise? Notiere. Falls du dir unsicher bist, schlage im Wörterbuch nach.

1. wiedergewinnen *Beispiel: zurückgewinnen, gutschreiben* ....
2. gutschreiben ....
3. zusammenspielen ....
4. weitergehen ....
5. freisprechen ....
6. wahrsagen ....
7. dabeisitzen ....
8. wiederkommen ....
9. daherkommen ....
10. sitzenbleiben ....

❷ Formuliere zu jedem Wort einen passenden Satz.

....

....

....

....

2.5 Getrenntschreibung bei Verbindungen aus Nomen und Verb

Regel:

⇨ **Verbindungen von einem Nomen und einem Verb werden in der Regel getrennt geschrieben.**

- Beispiele: Musik hören, Schlange stehen, Bescheid wissen
- Ausnahmen: eislaufen, kopfstehen, wundernehmen, teilhaben, schlussfolgern, schlafwandeln, handhaben, …

❶ **Notiere zu jeder Nomen-Verb-Verbindung einen Satz in korrekter Schreibweise.**

1. Schlange stehen

....

2. Bescheid wissen

....

3. Auto fahren

....

4. Kegel schieben

....

5. Hof halten

....

6. Kopf stehen

....

7. eislaufen

....

8. nachtwandeln

....

9. Flöte spielen

....

10. Angst haben

....

11. Rat suchen

....

2.6 Verbindungen mit den Verben *sein, bleiben, werden*

Regel:

⇨ **Manche Nomen (Namenwörter) schreibt man in Verbindung mit *sein, bleiben* und *werden* klein.**

- Beispiele: angst und bange werden, schuld sein, leid sein, pleite sein/werden, gram sein, elend werden/sein, unrecht sein, wert sein, ernst sein

❶ **Streiche die falsch geschriebenen Wortverbindungen durch. Schreibe die Sätze in korrekter Schreibweise auf.**

1. Mir wurde letzten Donnerstag angst und bange / Angst und Bange.

   ....

2. Die kleine Lara hatte furchtbare angst / Angst, als sie den großen Hund sah.

   ....

3. Es ist unrecht / Unrecht, Lügen über andere Menschen zu verbreiten.

   ....

4. Der Spaß wurde ernst / Ernst genommen.

   ....

5. Nach zehn Kugeln Eis wurde Ben furchtbar elend / Elend.

   ....

6. Ich bin es leid / Leid, immer dein Zimmer aufräumen zu müssen.

   ....

7. Der Laden an der Ecke hat pleite / Pleite gemacht.

   ....

8. Du bist schuld / Schuld daran, wenn ich die Hausaufgaben nicht machen kann.

   ....

9. Es ist mir ernst / Ernst mit meiner Warnung.

   ....

10. Felix legt keinen wert / Wert auf teure Markenkleidung.

   ....

3 | Die Dehnung

3.1 Wörter mit *-ie*

Regel:

⇨ **Wenn der Vokal *i* lang gesprochen wird oder am Silbenende steht, wird er in der Regel mit *ie* geschrieben.**

⇨ **Manchmal kann das Wort aber auch mit *ieh, ih* oder mit *i* geschrieben werden. Diese Wörter sind Lernwörter.**

- Beispiele: Die Bienen fliegen umher.
  Die Igel ziehen mit ihren Jungen in ein neues Quartier.

❶ Kreuze die Sätze an, in denen alles richtig geschrieben ist.

☐ Wie viele Spieler spielen in einer Mannschaft?

☐ Wie vile Spieler spielen in einer Mannschaft?

☐ Lina war noch nie im Kieno.

☐ Lina war noch nie im Kino.

☐ Wir siegten beim letzten Turnir.

☐ Wir siegten beim letzten Turnier.

☐ Neugierige Leute lieben keine Geheimnisse.

☐ Neugirige Leute lieben keine Geheimnisse.

☐ Ich habe ihm wieder ein Papier geliehen.

☐ Ich habe im wieder ein Papier geliehen.

☐ Hannes ist in Chemie ein Genie.

☐ Hannes ist in Chemie ein Geni.

☐ Der Vietransporter vor uns fuhr viel zu schnell.

☐ Der Viehtransporter vor uns fuhr viel zu schnell.

☐ Gerda hat ihre Schwigermutter zur Therapi gefahren.

☐ Gerda hat ihre Schwiegermutter zur Therapie gefahren.

3.2 Das Dehnungs-h

Regel:

⇨ **Das Dehnungs-h steht oft vor *l, m, n* und *r*. Nach *sch* und *qu* steht nie ein Dehnungs-h, auch wenn der Vokal lang gesprochen wird.**

- Beispiel: Ich fahre mit dem Auto zur Wohnung.

❶ **Ordne zu, ob es sich um ein hörbares oder unhörbares Dehnungs-h handelt.**

sehen – fahren – sprühen – Gefahr – Ruhm – glühen – Fehler – flehen – weihen – Stuhl – geschehen – fehlen – Uhr – Schuh – gehen – Ohr – Huhn – ziehen – Reh – führen – wohnen – leihen – lehren – ruhen – Sohle

hörbar:

....

....

....

....

unhörbar:

....

....

....

....

❷ **Notiere zwei Sätze, in denen ein Wort mit hörbarem Dehnungs-h vorkommt.**

....

....

....

....

3.3 Die Selbstlautverdopplung

Regel:

⇨ **Doppelte Vokale werden immer lang gesprochen. Diese Wörter mit Selbstlautverdopplung sind Lernwörter.**

- Beispiel: Ein paar Boote lagen am See.

⇨ **Achtung: Nicht alle lang gesprochenen Vokale werden verdoppelt. Manche schreibt man auch mit Dehnungs-h.**

- Beispiel: Kevin mag keine Zahlen.

❶ **Setze ein: aa – ah – ee – eh – oo – oh**

1. Gestern kaufte ich mir ein P................r neue Schuhe.
2. Im Winter fällt oft Schn................ .
3. Das Haus verlässt man nicht ....ne Regenschirm.
4. Viele Gärtner wollen kein M................s im Rasen.
5. Vom vielen Ärgern bekomme ich graue H................re.
6. Der Stuhl hat eine wacklige L................ne.
7. Um Obst zu wiegen, brauche ich eine W................ge.
8. Urlaub am M................r macht immer Spaß.
9. M................r Aufgaben können in der Zeit nicht erledigt werden.
10. Ich habe zwei Kinder, einen S................n und eine Tochter.
11. Du hast die W................l zwischen Saft und Mineralwasser.
12. Der Raum war schnell l................r geräumt.
13. An der Universität wird viel gel................rt.
14. Der Sp................rwerfer schaffte den Weltrekord.
15. Das M................r am S................ ist als Biotop ausgewiesen.
16. B................nen und Speck sind eine gute Beilage zum Hauptgericht.
17. Die Auszeichnung war für Herrn Müller eine besondere ....re.
18. Mona pflanzte in ihrem Blumenb................t einen neuen B................renstrauch.
19. Oma besuchte mit Lisa den Z................, in dem es auch M................rschweinchen zu sehen gab.
20. Willi trinkt nur schwarzen T................ und selten eine Tasse Kaff................ .
21. Die M................rz................l der Prüfungsteiln................mer schaffte einen guten Abschluss.

4 | Ähnlich klingende und doppelte Laute

4.1 Wörter mit *ä/e* und *äu/eu*

Regel:
⇨ **Man schreibt ein Wort mit *ä* oder *äu*, wenn es ein verwandtes Wort mit *a* oder *au* gibt.**

❶ **Ergänze die fehlende Wortart in der richtigen Schreibweise.**

Nomen	Verb	Adjektiv
	färben	
Drängelei		
Blatt		
		gläubig
		traumhaft
	räumen	
Reue		
	erbeuten	
Pläne		
	gärtnern	
	handarbeiten	
		hangig
	heucheln	
Zähne		
	tränen	
		täglich
		freudlos
Steuer		

❷ **Lass dir die Wörter von einem Partner diktieren.**

4.2 Wörter mit *p/b* und *d/t*

Regel:

⇨ **Wenn man die Verlängerungsprobe macht, kann man hören, welchen Buchstaben man am Silben- oder Wortende braucht. Eine deutliche Aussprache und ein genaues Hinhören helfen bei der Unterscheidung am Wortanfang.**

❶ **Streiche jeweils die falsch geschriebenen Wörter durch. Notiere den Satz fehlerfrei in richtiger Schreibweise.**

1. Jugentliche feiern gern Feste.

   ....

2. Nina war das fünfte Rat am Wagen.

   ....

3. Die Retter wurden als Helten gefeiert.

   ....

4. Zwei Wanterer sind in Bergnod geraden.

   ....

5. Ich hatte meine Geltbörse vergessen.

   ....

6. Der Diep hat die Tad gestanden.

   ....

7. Du hast das gar nicht nödig.

   ....

8. Gegen die Kälde schützt warme Kleitung.

   ....

9. Der Autofahrer hat das Stoppschilt übersehen.

   ....

10. Der Postpode muss an Weihnachten viele Pakede ausliefern.

    ....

11. Fabian hat beim Basketpall viele Körpe geworfen.

    ....

12. Ute hat viele Bläne für den kommenden Urlaup geschmiedet.

    ....

4.3 Wörter mit *g* und *k*

Regel:

⇨ **Wenn man die Verlängerungsprobe macht, kann man hören, welchen Buchstaben man am Silben- oder Wortende braucht. Eine deutliche Aussprache und ein genaues Hinhören helfen bei der Unterscheidung am Wortanfang.**

❶ **Hier sind Fehler enthalten. Unterstreiche die fehlerhaften Wörter und schreibe den Satz korrekt ab.**

1. Jan hat noch ein Gescheng zum Muttertag besorkt.

   ....

2. Der Kruk hatte einen Sprunk.

   ....

3. Durch die Verspätunk verpasste ich den Anschlusszug.

   ....

4. Der Klükere gibt nach.

   ....

5. Zuerst muss ich noch Banggeschäfte erledigen.

   ....

6. Gartenzwerke sind derzeit nicht in Mode.

   ....

7. Der Erfolk gibt ihr Recht.

   ....

8. Die Sonne strahlt von einem fast wolgenlosen Himmel.

   ....

9. Ungesunde Ernährung macht auf Dauer krang.

   ....

10. Ihr wurde für ihre große Hilfsbereitschaft gedangt.

   ....

4.4 Wörter mit *tz* und *z*

Regel:

⇨ **Nach einem kurz gesprochenen Vokal (Selbstlaut) steht *tz*. Ein *tz* steht nie nach einem *l, m, n* oder *r*. In der Regel trennt man *tz* nach dem *t*.**

- Beispiele: Die Kat|zen krat|zen gerne.
  Das Tier hat eine schwar|ze Schnau|ze.

❶ **Setze ein: *tz* oder *z***

Poli............ei
Wi............
si............en
Ker............e
Eisener............
Pel............
Ta............e
Scha............
Mü............e
Pla............
Pro............ent
Scher............
Kreu............ung
Spi............e
Matra............e
schwar............
Sal............
Mün............e
Schnau............e
Ka............e

stür............en
fli............en
Kran............
her............en
Sa............
Bli............
Prin............
stol............
Hol............
Stü............e
Pfü............e
Pflan............e
schwi............en
seuf............en
Hei............ung
Wal............e
Mal............
Ne............
Me............ger
Hi............e

❷ **Kennst du noch mehr Wörter mit *tz* oder *z*? Schreibe sie auf.**

4.5 Wörter mit Doppelkonsonanten

Regel:

⇨ **Wenn auf einen betonten kurzen Vokal (Selbstlaut) ein Konsonant folgt, so wird er in der Regel verdoppelt. Anstelle von *kk* schreibt man meist *ck*.**

- Beispiele: Die Gruppe begann, schnell im Galopp zu reiten.
  Zum Glück hatten wir einen Sack im Gepäck.

❶ **Was ist hier abgebildet? Notiere die Wörter. Kontrolliere deine Schreibweise mithilfe des Wörterbuchs.**

 ....

 ....

 ....

 ....

 ....

 ....

 ....

 ....

 ....

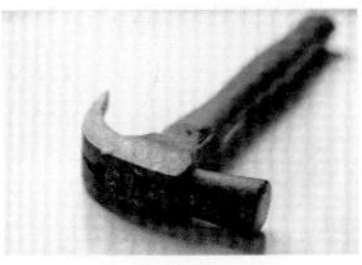 ....

 ....

 ....

❷ **Lass dir die Wörter von einem Partner diktieren.**

4.6 Doppelkonsonant am Wortende

Regel:

⇨ **Doppelkonsonanten am Wortende hört man nur, wenn man das Wort verlängert.**

- Beispiel: Ball – Bälle

❶ Finde möglichst viele Reimwörter mit Doppelkonsonanten am Wortende.

Mann ....

....

Fell ....

....

Kamm ....

....

Riff ....

....

Ball ....

....

nass ....

....

voll ....

....

❷ Formuliere mit den obigen Wörtern je einen Satz.

5 | Schreibung der s-Laute

5.1 Wörter mit *ss*

Regel:
⇨ **Nach einem kurzen Vokal (Selbstlaut) schreibt man in der Regel *ss*.**
- Beispiel: Es ist bald Schluss.

❶ **Markiere den kurz gesprochenen Vokal in den Wörtern mit einem Punkt.**

Nuss	Besen	Schluss	Gas
muss	Wasser	Reise	Kissen
Tasse	Straße	Messer	Maus
Fuß	Tasse	Schloss	Klasse
Kreis	Kasse	Sessel	Fluss
Haus	Glas	nass	Masse

❷ **Formuliere zu jedem Wort mit *ss* je einen Satz. Achte dabei auf die Schreibweise. Kontrolliere evtl. mit dem Wörterbuch.**

....

....

....

....

....

....

....

....

....

5.2 Wörter mit ß

Regel:

⇨ **Nach einem langen Vokal (Selbstlaut) und nach einem Diphthong (Doppellaut, Zwielaut) steht oft ß.**

- Beispiele: Er mag Fußball.
  Sie ist fleißig.

❶ Welches Wort mit ß ist hier gemeint? Wie viele Buchstaben das Wort hat, erkennst du an der Anzahl der Kästchen. Hinweis: ü = ü, ö = ö, ß = ß.

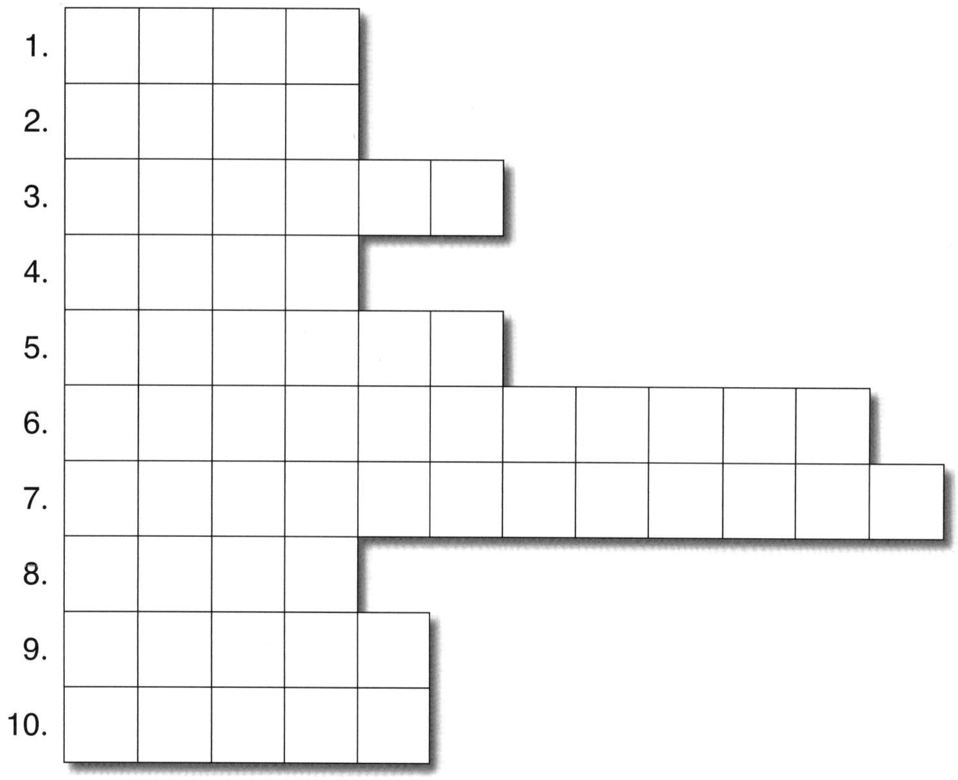

1. Wer im Winter keine warmen Schuhe trägt, der bekommt schnell kalte ... .
2. Ich soll dir von meiner Mutter einen schönen ... sagen.
3. Damit die Blumen nicht welken, muss man sie regelmäßig ... .
4. Wir sind gestern mit dem ... auf dem Inn gefahren.
5. Bevor du die ... überquerst, musst du auf den Verkehr achten.
6. Wertsachen sollten immer in einem ... aufbewahrt werden.
7. Zum Abschied bekam Frau Fuchs einen ... überreicht.
8. Die Pausen machen am meisten ... .
9. Das Gegenteil von innen ist ... .
10. Ohne ... kein Preis.

5.3 *das* oder *dass*?

Regel:

⇨ **Der Artikel (Begleiter) und das Pronomen (Fürwort) *das* wird mit *s* geschrieben. Das Wort das kann man durch *welches, dieses* oder *jenes* ersetzen. Die Konjunktion (Bindewort) *dass* schreibt man mit *ss*.**

- Beispiele: Kühles Eis an einem heißen Tag, das mag jeder.
  Wir freuen uns, dass es dir gut geht.

❶ Setze ein: *das* oder *dass*.

1. Es fällt mir schwer, ... zu glauben.
2. Das Haus ist so groß, ... man sich leicht verlaufen kann.
3. Die vielen Talentshows zeigen, ... Singen Spaß macht.
4. Wir stellen fest, ... das nicht stimmen kann.
5. Das Lachen, ... zu hören war, war ansteckend.
6. Der Hund knurrte so laut, ... ich Angst bekam.
7. Wir hoffen, ... es dir bald besser geht.
8. Das Kleid, ... du trägst, steht dir gut.
9. Uns war klar, ... es keine Gespenster gibt.
10. Das Foto, ... wir machten, gewann einen Preis.
11. Ich konnte nicht glauben, ... ich so gut war.
12. Denken Sie bitte daran, ... wir morgen geschlossen haben.
13. Das Fest, ... wir besuchten, war großartig.
14. Das Ziel, ... wir anstrebten, erreichten wir.
15. Dauerregen im Sommer, ... gefällt niemandem.

FÜHRERSCHEINPRÜFUNG B

(Blatt 1)

Teste dein Wissen. Viel Erfolg!

1 Welche Wortendungen zeigen an, dass es sich um ein Nomen handelt? 6

....

....

2 Schreibe den Satz in korrekter Schreibweise auf. 2

WIR TREFFEN UNS HEUTE NACHMITTAG BEI MIR ZU HAUSE ZUM SPIELEN.

....

ich spiele montags immer gitarre in einer band.

....

3 Kreuze die richtigen Aussagen an. 2

- ☐ Vertrauliche Pronomen schreibt man meist klein.
- ☐ Adjektive erkennt man an den Endungen -ig und -lich.
- ☐ Zeitangaben, die auf -s enden, schreibt man groß.
- ☐ Numerale werden immer großgeschrieben.

4 Setze ein: ***a, aa, ah, e, ee, eh, i, ie, ieh, h, o, oo, oh, uh, ...*** 5

1. Das B..............t f..............r auf dem klaren Wasser.
2. Neug..............rige Blicke verfolgten das rege Treiben auf dem S...............
3. Fliegen l..............ben süße B........ren.
4. Wer die W..............l hat, hat oft die Qu...........l.
5. Viele exotische T..............re leben im Z...............

5 Notiere zehn Wörter mit Mitlautverdopplung. 5

....

....

....

....

(Führerscheinprüfung B – Blatt 2)

❻ Kreuze an, ob richtig oder falsch.
Markiere die falsch geschriebene Stelle.

3 |

	richtig	falsch
Die Donau fliest durch viele europäische Länder.		
Ihr müßt regelmäßig eure Hausaufgaben machen.		
Das Wasser im Badesee war angenehm kühl.		
Wir freuen uns, das bald Ferien sind.		
Mir war klar, dass das nicht sein kann.		

❼ Ergänze die lückenhafte Regel ohne nachzuschlagen.

3 |

Man schreibt ein Wort mit *ä* oder *äu*, wenn es ein .... Wort mit *a* oder *au* gibt.

Bildet man die ...., so hört man oft, welchen Buchstaben man braucht.

Nach einem .... gesprochenen Vokal steht in der Regel tz.

❽ Entscheide, ob nur eine Getrenntschreibung, Zusammenschreibung oder beide Schreibweisen möglich sind.

5 |

	getrennt	zusammen	beides
Kuchen backen			
eislaufen			
da sein			
übrig bleiben			
aufeinanderfolgen			
Rad fahren			
getrennt schreiben			
marathonlaufen			
geschenkt bekommen			
kopfstehen			

31 Punkte kannst du erreichen. Viel Erfolg!

31 |

Laufzettel		erledigt ✔
1	**Die Großschreibung**	
1.1	Die Großschreibung von Satzanfängen und Nomen	☐
1.2	Erweiterung des nominalen Kerns	☐
1.3	Wortendungen beachten	☐
1.4	Die Schreibung von Höflichkeitspronomen	☐
1.5	Die Schreibung von Zeitangaben	☐
1.6	Nominalisierung von Verben	☐
1.7	Nominalisierung von Adjektiven	☐
2	**Die Kleinschreibung**	
2.1	Adjektive erkennen	☐
2.2	Artikel, Verben, Numerale, Pronomen erkennen	☐
2.3	Zusammensetzung von Nomen und Verb	☐
2.4	Bedeutungsänderung von zusammengeschriebenen Wörtern	☐
2.5	Getrenntschreibung bei Verbindungen aus Nomen und Verb	☐
2.6	Verbindungen mit den Verben *sein, bleiben, werden*	☐
3	**Die Dehnung**	
3.1	Wörter mit *-ie*	☐
3.2	Das Dehnungs-h	☐
3.3	Die Selbstlautverdopplung	☐
4	**Ähnlich klingende und doppelte Laute**	
4.1	Wörter mit *ä/e* und *äu/eu*	☐
4.2	Wörter mit *p/b* und *d/t*	☐
4.3	Wörter mit *g* und *k*	☐
4.4	Wörter mit *tz* und *z*	☐
4.5	Wörter mit Doppelkonsonanten	☐
4.6	Doppelkonsonant am Wortende	☐
5	**Schreibung der s-Laute**	
5.1	Wörter mit *ss*	☐
5.2	Wörter mit *ß*	☐
5.3	*das* oder *dass*?	☐
Führerscheinprüfung C		☐

1 | Die Großschreibung

1.1 Die Großschreibung von Satzanfängen und Nomen

❶ Ergänze den Lückentext sinnvoll.

anfassen – Nomen – Satzanfänge – haben – Substantive

.... werden großgeschrieben.

Alles, was man .... oder .... kann, wird großgeschrieben.

Es handelt sich dabei um .... oder ....

❷ Schreibe die Sätze richtig.

1. in meiner klasse sind elf jungen und zehn mädchen.

   ....

2. BRITTA IST MEINE BESTE FREUNDIN UND SIE SITZT NEBEN MIR.

   ....

3. ich fahre gern mit dem fahrrad zur schule.

   ....

4. MANCHMAL SIND DIE HAUSAUFGABEN SCHWIERIG.

   ....

5. sport ist mein lieblingsfach, da wir oft fußball spielen.

   ....

6. IN DER LETZTEN MATHEARBEIT HATTE ICH NUR ZWEI FEHLER.

   ....

7. darüber freute ich mich sehr.

   ....

1.2 Erweiterung des nominalen Kerns

❶ Ergänze die Regel sinnvoll.

Artikel/Begleiter – dazwischen – gilt – groß

Steht vor einem Nomen (Substantiv) ein ....

(*der, die, das, ein, eine, eines*) oder könnte einer davorstehen, schreibt man es

.... Dies .... auch, wenn sich ein Adjektiv (Eigenschaftswort)

.... geschoben hat.

❷ Überlege dir 15 verschiedene Sätze, bei denen der nominale Kern erweitert wurde. Notiere sie.

- Beispiel: Der große Hund bellt.

....

....

....

....

....

....

....

....

....

....

....

....

....

....

1.3 Die Wortendungen beachten

Regel:

⇨ **Endet ein Wort auf *-ung, -heit, -keit, -tum, -nis* oder *-schaft*, ist es in der Regel ein Nomen (Substantiv) und man schreibt es groß.**

❶ Notiere Nomen, die folgende Endungen haben.

-ung ....

....

....

-heit ....

....

....

-keit ....

....

....

-tum ....

....

....

-nis ....

....

....

-schaft ....

....

....

1.4 Die Schreibung von Höflichkeitspronomen

❶ Vervollständige die Regel.

vertraulichen – gebeugten – groß – Anredepronomen – klein

Die .... Sie und Ihr sowie die entsprechenden .... Formen schreibt man ....

Die .... Anredepronomen du, dich, ihr, euch, dein, euer etc. schreibt man in der Regel ....

❷ Ergänze die Anredefürwörter (Anredepronomen) richtig.

Sehr geehrter Herr Schmitt,

.... Sohn Tim besucht seit September unsere Schule. Wir hoffen, dass er sich inzwischen bei uns eingelebt hat. Als erster Ansprechpartner steht .... sein Klassenleiter jederzeit zur Verfügung. Bitte zögern .... zum Wohle .... Kindes nicht, mit ihm Kontakt aufzunehmen. Nur gemeinsam können wir erreichen, dass der Schulbesuch für .... Sohn zum Erfolg wird.

Wir freuen uns auf eine vertrauensvolle Zusammenarbeit zwischen .... und unserer Schule.

Mit freundlichen Grüßen
Max Huber, Schulleiter

❸ In diese Einladung haben sich einige Fehler eingeschlichen. Unterstreiche die falsch geschriebenen Wörter.

Lieber Simon,
zu meiner Party am Samstag, den 14. Juli, lade ich Dich sehr herzlich ein. Die Feier beginnt um 15:00 Uhr und dauert bis 20:00 Uhr.
Es gibt viele leckere Sachen zu essen und zu trinken. Vielleicht kannst Du auch deine Lieblingscomputerspiele mitbringen. Nach der Feier fahren dich meine Eltern nach Hause. Falls Du nicht kommen kannst, sage mir bitte bis Montag, den 09. Juli, unter der Telefonnummer 12453 Bescheid.
dein Mario

❹ Schreibe die Einladung fehlerfrei auf ein Extrablatt.

1.5 Die Schreibung von Zeitangaben

❶ **Ergänze die Regel.**

kleingeschrieben – Adverbien – Artikel – großgeschrieben – Nomen – Verbindung

Zeitangaben, die als .... gebraucht werden, erkennt man am ...., der davorgesetzt wird oder werden kann. Man schreibt sie groß.

Zeitangaben werden in .... mit Adverbien wie vorgestern, gestern, heute, morgen oder übermorgen ....

Zeitangaben, die auf -s enden, sind .... (Umstandswörter). Sie werden meist ....

❷ **Hier fehlen die Zeitangaben. Vervollständige sinnvoll und achte auf die richtige Schreibweise.**

1. Marie übt jeden .... Klavier.
2. Heute .... hatte ich keine Zeit zum Frühstücken.
3. Wir besuchen Oma gegen .... im Seniorenheim.
4. Das Turnier beginnt am .... und endet morgen ....
5. Wegen einer lauten Party konnte ich gestern .... nicht schlafen.
6. Ich pflückte bis heute .... Erdbeeren.
7. Beim Betreten der Klasse wünschte der Lehrer allen Schülern einen guten ....
8. Am .... holt dich dein Vater von der Geburtstagsfeier ab.
9. Opa kommt gegen .... zum Essen.
10. Morgen .... fährt Familie Schmidt in den Urlaub.
11. Die Zähne sollten mindestens .... und .... geputzt werden.

❸ **Überlege dir weitere Sätze mit Zeitangaben und notiere sie.**

....

....

....

1.6 Nominalisierung von Verben

❶ Ergänze die Regel.

Pronomen – Attribut – Präposition – Artikel

Verben, die zu Nomen geworden sind, schreibt man groß, wenn ein bestimmter oder unbestimmter .... davorsteht oder ergänzt werden kann, ein .... (Beifügung) davorsteht, ein .... (Fürwort) davorsteht oder eine .... (Verhältniswort) davorsteht.

❷ Schlage Beispiele für Artikel, Attribut, Pronomen und Präposition nach. Notiere mindestens je drei Beispielsätze in korrekter Schreibweise mit davorstehendem/r

- **Artikel**

....

....

....

- **Attribut**

....

....

....

- **Pronomen**

....

....

....

- **Präposition**

....

....

....

1.7 Nominalisierung von Adjektiven

❶ **Vervollständige die Regel sinnvoll.**

Personalpronomen – Numerale – Präpositionen – Artikel

Adjektive schreibt man groß, wenn .... (Begleiter),

.... (Fürwörter),

.... (Verhältniswörter) oder

.... (Zahlwörter) davorstehen.

❷ **Schlage evtl. nach, was Verhältniswörter oder Zahlwörter sind. Finde mindestens drei Beispielsätze für die Nominalisierung von Adjektiven mit davorstehendem/r**

- **Artikel**

  ....

  ....

  ....

- **Personalpronomen**

  ....

  ....

  ....

- **Präposition**

  ....

  ....

  ....

- **Numerale**

  ....

  ....

  ....

2 | Die Kleinschreibung

2.1 Adjektive erkennen

❶ Ergänze den Lückentext sinnvoll.

Endungen – klein – Adjektive – steigern

Viele .... (Eigenschaftswörter) erkennt man an den .... -ig, -isch, -lich, -haft, -bar, -los oder -sam. Die meisten Adjektive kann man .... Adjektive schreibt man in der Regel ....

❷ Finde möglichst viele Wörter mit den folgenden Endungen.

-ig ....

....

....

-isch ....

....

....

-lich ....

....

....

❸ Bilde zu jedem Adjektiv einen Satz und notiere ihn auf einem Extrablatt.

❹ Fallen dir auch Adjektive mit -haft, -bar, -los oder -sam ein?

....

....

....

2.2 Artikel, Verben, Numerale, Pronomen erkennen

❶ Vervollständige die Regel.

Pronomen – Verben – Artikel – Numerale

.... (Begleiter), ... (Tunwörter),

.... (Zahlwörter) und .... (Fürwörter)

schreibt man in der Regel klein.

❷ Schreibe die Sätze richtig.

1. die rechtschreibung fällt mir immer ganz leicht.

   ....

2. ich klettere jeden tag einige male auf den baum.

   ....

3. tina lieh mir ihr handy, weil ich meines vergessen hatte.

   ....

4. wir haben schon oft schöne lieder in der schule gesungen.

   ....

5. um neun uhr beginnen die feierlichkeiten.

   ....

6. jedes jahr machen wir bei vielen verschiedenen wettbewerben mit.

   ....

7. wir haben für unsere grillparty genügend essen eingekauft.

   ....

8. meine großeltern fahren bald in den urlaub nach italien.

   ....

2.3 Zusammensetzung von Nomen und Verb

❶ Ergänze die Regel.

Grundform – Verb – Bestandteil

Lautet der erste .... einer Zusammensetzung von Nomen und .... haus-, heim-, irre-, preis-, stand-, statt-, teil-, wett- oder wunder-, so wird die .... kleingeschrieben.

❷ Schlage im Wörterbuch oder Internet nach, welche Zusammensetzungen von Nomen und Verb du findest. Überlege auch selbst.

haus-

....

....

heim-

....

....

irre-

....

....

preis-

....

....

wett-

....

....

wunder-

....

....

statt-

....

....

stand-

....

....

teil-

....

....

2.4 Bedeutungsänderung von zusammengeschriebenen Wörtern

1 Vervollständige die Regel.

Bedeutung – Zusammenschreibung – Wörter

Manche .... bekommen durch die ....

eine andere ....

2 Notiere zu jedem Begriff je einen Satz, in dem die wörtliche und übertragene Bedeutung je nach Schreibweise deutlich wird.

- Beispiel: Mit dir zusammen laufen (= gemeinsam laufen), macht großen Spaß.
  Nach dem Unfall sind viele Schaulustige zusammengelaufen
  (auf einen Punkt hin laufen).

weiter gehen – weitergehen

gut schreiben – gutschreiben | **dabei sitzen – dabeisitzen**

frei sprechen – freisprechen | **wieder gewinnen – wiedergewinnen**

....

....

....

....

....

3 Kennst du je nach Schreibweise weitere Wörter mit wörtlicher und übertragener Bedeutung? Schreibe sie auf.

....

....

....

....

....

2.5 Getrenntschreibung bei Verbindungen aus Nomen und Verb

❶ Ergänze den Lückentext sinnvoll.

getrennt geschrieben – Verb – Verbindungen

.... von einem Nomen und einem .... werden in der

Regel ....

❷ Um welche Nomen-Verb-Verbindung handelt es sich hier? Ordne zu.

Kreuze kriechen – Federn lassen – Wurzeln schlagen – Schlange stehen – Sprüche klopfen – Bescheid wissen – Wolle kriegen – Hof halten – Zeit spielen – Rolle fallen – Augen machen – Schlittschuh laufen – Wort halten

1. In einer langen Reihe anstehen ....
2. unterrichtet sein ....
3. um eine Dame werben – ihr den ... .
4. erstaunt dreinblicken ....
5. klein beigeben – zu ... .
6. sich ungehörig benehmen – aus der ... .
7. prahlen ....
8. eislaufen ....
9. miteinander Streit bekommen – sich in die ... .
10. ein Versprechen halten ....
11. sesshaft werden ....
12. etwas absichtlich verzögern – auf ... .
13. Schaden erleiden ....

❸ Notiere in korrekter Schreibweise zu fünf Nomen-Verb-Verbindungen einen Satz.

....

....

....

2.6 Verbindungen mit den Verben *sein, bleiben, werden*

❶ **Ergänze die Regel.**

klein – Verbindung – Nomen

Manche .... (Namenwörter) schreibt man in .... mit *sein, bleiben* und *werden* ....

❷ **Überlege dir eine kurze Geschichte, in der mindestens vier Wortverbindungen mit sein, bleiben und werden vorkommen.**

- Beispiele: angst und bange werden, schuld sein, leid sein, pleite sein/werden, elend werden/sein, unrecht sein, wert sein, ernst sein

....

....

....

....

....

....

....

....

....

....

....

....

....

....

....

3 | Die Dehnung

3.1 Wörter mit *-ie*

❶ **Ergänze den Lückentext sinnvoll.**

Regel – Vokal – Lernwörter – Silbenende – Wort

Wenn der .... *i* lang gesprochen wird oder am .... steht, wird er in der .... mit *ie* geschrieben.

Manchmal kann das .... aber auch mit *ieh, ih* oder mit *i* geschrieben werden. Diese Wörter sind ....

❷ **Streiche die falsch geschriebenen Wörter durch und schreibe sie in der richtigen Schreibweise.**

1. Die Melodi muss ich mir unbedingt notiren.

   ....

2. Eine fleißige Biene fligt zu den Wiesenblumen.

   ....

3. Im Fach Chemi dürfen wir oft experimentiren.

   ....

4. Neben den Kisweg haben wir Blumenzwibeln gepflanzt.

   ....

5. Vier risige Stifel stehen vor der Tür.

   ....

6. Er hat wider einmal das Ziel verfehlt.

   ....

7. Mücken und Fligen stören uns auf einer Ligewiese.

   ....

8. Der Dieb schliech sich an einem schifen Spiegel vorbei.

   ....

9. Der Chef diktirte seiner Sekretärien schnell einen Brif.

   ....

10. Mein kleiner Bruder fil die Treppe hinunter.

    ....

11. Mama rif beim Tierarzt an.

    ....

3.2 Das Dehnungs-h

❶ Vervollständige den Lückentext.

nie – Dehnungs-h – lang

Das .... steht oft vor *l, m, n* und *r*. Nach *sch* und *qu* steht .... ein Dehnungs-h, auch wenn der Vokal .... gesprochen wird.

❷ Lerne die Schreibweise dieser Wörter auswendig, denn hier steht kein Dehnungs-h. Notiere fünf Sätze, in denen diese Lernwörter vorkommen.

Schal – malen – Samen – spuren – Frisur – Spule – selig – beschweren – Herd – Ton – holen – Person – Zone – Tor

....

....

....

....

....

....

....

❸ Notiere möglichst viele Wörter mit Dehnungs-h.

....

....

....

....

....

....

....

3.3 Die Selbstlautverdopplung

❶ **Vervollständige die Regel.**

Lernwörter – Vokale – lang

Doppelte .... werden immer .... gesprochen. Diese Wörter mit Selbstlautverdopplung sind ....

❷ **Finde möglichst viele Wörter mit Selbstlautverdopplung. Schlage auch im Wörterbuch nach.**

	Nomen	Verb	Adjektiv
aa			
ee			
oo			

4 | Ähnlich klingende und doppelte Laute

4.1 Wörter mit *ä/e* und *äu/eu*

❶ **Vervollständige die Regel.**

a **oder** ***au*** **– verwandtes**

Man schreibt ein Wort mit *ä* oder *äu*, wenn es ein .... Wort mit

.... gibt.

❷ **Suche möglichst viele verwandte Wörter mit *a* und notiere sie. Markiere jeweils die Stelle, die dir Auskunft über die Schreibweise gibt.**

1. Räte: ....
....
2. häuten: ....
....
3. Fähre: ....
....
4. Bäckerei: ....
....
5. Bäume: ....
....
6. Stängel: ....
....
7. färben: ....
....
8. täglich: ....
....
9. ländlich: ....
....
10. Nägel: ....
....
11. Länge: ....
....
12. Hände: ....
....

4.2 Wörter mit *p/b* und *d/t*

❶ Ergänze die Regel.

Hinhören – Verlängerungsprobe – Aussprache – Buchstaben

Wenn man die .... macht, kann man hören, welchen .... man am Silben- oder Wortende braucht. Eine deutliche .... und ein genaues .... helfen bei der Unterscheidung am Wortanfang.

❷ Streiche das falsch geschriebene Wort durch und schreibe die Sätze anschließend fehlerfrei ab.

1. Das Pabier stabelt sich auf meinem Schreibdisch.

   ....

2. Der Postpote liefert Briefe und Pakede aus.

   ....

3. In der Konditorei kaufden wir ein köstliches Gepäck.

   ....

4. Ski fahren ist eine albine Disziblin.

   ....

5. In der Packstube entstehen viele leckere Torten und Kuchen.

   ....

6. Kleine Kinter blappern viel und gerne.

   ....

7. Der Dieb klaute einen Patzen Gelt.

   ....

8. Manche Schüler verbetzen ihre Klassenkameraden bei den Lehrern.

   ....

9. Frau Schneider ist immer tob gekleitet.

   ....

10. Bienen sammeln Honig in Wapen.

   ....

4.3 Wörter mit *g* und *k*

❶ Ergänze die Regel.

Silben- oder Wortende – hören – Wortanfang

Wenn man die Verlängerungsprobe macht, kann man ...., welchen Buchstaben man am .... braucht. Eine deutliche Aussprache und ein genaues Hinhören helfen bei der Unterscheidung am ....

❷ Bilde mit jedem dieser Wörter je einen Satz. Du darfst die Wörter auch verlängern oder ein verwandtes Wort verwenden.

Krug – Zwerg – stark – Zug – jung – klug – flink – Bank – Geschenk – krank

....

....

....

....

....

....

....

....

....

....

❸ Notiere weitere Wörter mit *g* und *k*.

g ....

....

k ....

....

4.4 Wörter mit *tz* und *z*

❶ Vervollständige die Regel.

nie – trennt – kurz

Nach einem .... gesprochenen Vokal (Selbstlaut) steht *tz*. Ein *tz* steht .... nach einem *l, m, n* oder *r*. In der Regel .... man *tz* nach dem *t*.

❷ Finde möglichst viele Wörter mit *tz* und *z*. Trage sie in die Tabelle ein.

tz	*z*
....	....
....	....
....	....
....	....
....	....
....	....
....	....
....	....
....	....
....	....
....	....
....	....
....	....
....	....
....	....
....	....

❸ Bilde zu fünf Wörtern mit *tz* und *z* einen Satz.

4.5 Wörter mit Doppelkonsonanten

❶ Ergänze den Lückentext sinnvoll.

verdoppelt – kurzen – schreibt – Konsonant

Wenn auf einen betonten .... Vokal (Selbstlaut) ein ....
folgt, so wird er in der Regel ....
Anstelle von *kk* .... man meist *ck*.

❷ Setze den fehlenden Konsonanten in der richtigen Schreibweise ein.

1. Die So................e und die Pla................eten sind Teil des Welta................s.
2. Bea hat einen to................en Luftba................on beko................en.
3. Die Karto................el ist eine sehr gesunde Kno................e.
4. Gestern bin ich die Tre................e hinunter gefa................en.
5. Zum Essen von Su................e braucht man einen Lö................el.
6. Wenn ich mich nicht i................e, kann Anne gut Gita................e spielen.
7. Meine Nachbarin ist eine sehr ne................e alte Da................e.
8. Felix ha................e keine Proble................e bei seiner Deutschhausaufgabe.
9. Wir lagern unsere Feldfrüchte im Herbst i................er im Ke................er.
10. Timo ko................te mit seinem Re................rad gerade noch rechtzeitig sto................en.
11. Die Ko................er sind für den Urlaub schon gepa................t.
12. Im So................er macht das Schwi................en do................elt Spaß.
13. Mein Zi................er ist vo................er Computerspiele.
14. Die Ho................nung stirbt zuletzt.
15. Clara i................t gerne Apfelsi................en und Bana................en.
16. Oma stri................t ne................e Sachen aus bu................ter Wo................e.
17. Antonio sta................t aus Süda................erika.
18. Der Wohnblo................ in unserer Straße hat fünf E................agen.
19. Du mu................t die Aufgaben i................er nu................erieren.
20. Tom erhielt beim Bezahlen des Kleiderschran................es eine Qui................ung.
21. Wegen eines Unfa................s war eine Straßenspe................e erforderlich.
22. Beim Luftba................onwe................bewerb zur Geschäftserö................nung machte Lisa den ersten Preis.
23. Leises Do................ergro................en kündigt das nahende Gewi................er an.

4.6 Doppelkonsonant am Wortende

❶ **Vervollständige die Regel.**

verlängert – Wortende

Doppelkonsonanten am .... hört man nur, wenn man das Wort

....

❷ **Wie viele Wörter mit Doppelkonsonanten am Wortende kennst du? Notiere sie.**

....

....

....

....

....

....

....

....

❸ **Bilde aus den Wörtern mit Doppelkonsonanten mindestens zehn Sätze.**

....

....

....

....

....

....

....

....

5 | Schreibung der s-Laute

5.1 Wörter mit *ss*

❶ Ergänze den Lückentext.

kurzen – Vokal

Nach einem .... (Selbstlaut) schreibt man in der Regel *ss*.

❷ Welche Wörter mit ss kann man aus all diesen Silben zusammensetzen? Notiere.

Kis – wis – Rüs – Kes – sen – sel – sel – Be – sein – müs – Nüs – se – Was – Klas – Tas – fas – Schlüs –sen – sen – sen – sel – Mas – ser – sen – Mes – Küs – sen – ser – Schlös – wusst – ser – Kas – se – Flüs – se – Ses – las – sen – se – ver – sen – es – sen – sen – fres –has – auf – sen – sel – pas – ges – sen – sen – bis – mes – sig – sel – ris – sen – sig – Näs – Ge – se – biss – Nes

....

....

....

....

....

....

....

....

....

....

....

....

....

....

5.2 Wörter mit ß

❶ **Ergänze den Lückentext sinnvoll.**

Diphthong – langen – Vokal

Nach einem .... (Selbstlaut) und nach einem

.... (Doppellaut, Zwielaut) steht oft ß.

❷ **Wie viele Wörter mit ß kennst du? Notiere möglichst viele.**
Kontrolliere mit dem Wörterbuch, ob du alle Wörter richtig geschrieben hast.

....

....

....

....

....

....

....

....

❸ **Bilde mit mindestens fünf Wörtern mit ß je einen Satz.**

....

....

....

....

....

....

....

....

5.3 *das* oder *dass*?

❶ Ergänze den Lückentext sinnvoll.

Konjunktion – jenes – Artikel – welches – Pronomen – dieses

Der .... (Begleiter) und das .... (Fürwort) *das* werden mit *s* geschrieben. Das Wort *das* kann man durch ...., ... oder .... ersetzen.

Die .... (Bindewort) *dass* schreibt man mit *ss*.

❷ Verbinde die Satzteile mithilfe von *das* oder *dass* zu einem sinnvollen Satz. Schreibe anschließend die verbundenen Sätze mit dem eingefügten Wort korrekt auf ein Extrablatt ab.

Das Wertvolle an unserer Freundschaft ist,		meinem großen Bruder gehört.
Ich fahre mit dem Rad,		Lesen Spaß machen kann.
	dass	
Wer hätte gedacht,		du mich so akzeptierst, wie ich bin.
Wir glauben nicht,		du mir zum Geburtstag geschenkt hast.
Ich finde das Buch toll,		erfrischt an heißen Tagen.
	das	
Jan konnte nicht fassen,		sie am liebsten mit Saft vermischt.
Vera ist ein Fan von Wasser,		jemand gern zum Zahnarzt geht.
Kühles Eis,		er einen Fehlstart verursacht hatte.

FÜHRERSCHEINPRÜFUNG C

(Blatt 1)

Teste dein Wissen. Viel Erfolg!

1 Ergänze den Lückentext ohne nachzuschlagen. 2

Alles, was man .... oder .... kann, schreibt man groß. Es handelt sich hierbei um Nomen oder Substantive.

2 Was versteht man unter der Erweiterung des nominalen Kerns? Gib ein Beispiel. 2

....

....

....

3 Schreibe die Sätze korrekt auf. 4

1. ALEX WAR BEIM SPORTFEST DER BESTE, DA ER AUCH AM WEITESTEN SPRANG.

   ....

2. ER KOCHTE SEINER FRAU ETWAS LECKERES ZU ESSEN.

   ....

3. für deine neue schule wünsche ich dir alles gute.

   ....

4. ihm wurde angst und bange.

   ....

4 Hier fehlt die Dehnung. Setze die fehlenden Buchstaben richtig ein. 5

Er hat immer ein p................r gute Id................n.

Bei Schn................ sollten man St................fel und keine Sandalen tragen.

Ameisen, Schmetterlinge und B................nen sind Insekten.

An unserer Schule sp................len einige L................rer z................mlich gut Schach.

Tom s................gte auf dem Sportfest beim Sp................rwerfen.

(Führerscheinprüfung C – Blatt 2)

**❺ Kennst du jetzt alle Regeln der s-Schreibung?
Ergänze den Lückentext ohne nachzuschlagen.** 7

Das kann durch ...., ... oder .... ersetzt werden.

Dass ist eine .... und leitet einen Nebensatz ein.

Nach einem .... Vokal und nach einem .... steht oft *ß*.

Nach einem .... Vokal schreibt man in der Regel *ss*.

**❻ Kreuze die vollständig richtig geschriebenen Sätze an.
Markiere die Fehler und verbessere sie.** 5

- ☐ Der Surfer hatt die perfekte Welle getroffen.
- ☐ Ich habe den Kamm nicht in den Koffer gepackt.
- ☐ Der Baumstamm war völlig glatt.
- ☐ Es zuckte ein greler Blitz am Himmel.
- ☐ Wir hatten uns im Schwimmbad getroffen.

**❼ Wie sicher bist du bei der Schreibung gleich- und ähnlich klingender Wörter?
Kreuze an, ob richtig oder falsch und markiere die falsch geschriebene Stelle.** 4

	richtig	falsch
Fast alle Jugentlichen nutzen täglich mehrmals das Internet.		
Wir haben häute keine Hausaufgaben auf.		
Viele Mädchen wollen im Winter keine Müze tragen.		
Im Herbst kann man viele punte Blätter sammeln.		
Kleider machen Leute.		
In der Schule gibt es viele Räume.		

**❽ Entscheide, ob eine übertragene Bedeutung vorliegt und das Wort zusammengeschrieben werden muss.
Kreuze diese Fälle an und verbinde die beiden Wörter mit einem Bogen.** 4

- ☐ Du musst den Ball aus Nachbars Garten wieder holen.
- ☐ Wir machten einen Umweg, um den Stau zu um fahren.
- ☐ Nach so vielen schlechten Noten wirst du wohl sitzen bleiben.

33 Punkte kannst du erreichen. Viel Erfolg! 33

Quellenverzeichnis

Bildquellenangaben jeweils nur bei erster Nennung aufgeführt.

Coverfoto © Syda Productions

S. 7 Sonne: Anke Fröhlich

S. 11 Konzert © bernardbodo – Fotolia.com

S. 19 Fußball © roostler – Fotolia.com

S. 20 Igel © Lena Lir – Fotolia.com

S. 23 Weltkarte © Tom-Hanisch – Fotolia.com

S. 30 Fußballspieler © Andrii IURLOV – Fotolia.com

S. 29 Besen © Ingo_Sch., Bleistift © Rick Sargeant, Haselnüsse © 1999istek – alle Fotolia.com

S. 35 Blumen © S.H.exclusiv – Fotolia.com

S. 36 Schimpanse © Marcel Schauer – Fotolia.com

S. 43 Feder © Schlierner – Fotolia.com

S. 47 Eis © dim@dim – Fotolia.com

S. 48 Kino © LuckyImages – Fotolia.com

S. 50 Meerschweinchen © mdxphoto – Fotolia.com

S. 55 Gebetskette © Alis_Photo, Luftballons © Johanna Mühlbauer, Ritter © Algol – alle Fotolia.com

S. 76 Schüler Chemiesaal © Monkey Business – Fotolia.com

S. 80 Torte © crolique – Fotolia.com

S. 81 Zug © den-belitsky – Fotolia.com

Jederzeit optimal vorbereitet in den Unterricht?